頭のいい人は「質問」
で差をつける

聪明人
都这样提问

[日] 樋口裕一 著　石运 译

U0348664

机械工业出版社
CHINA MACHINE PRESS

Atama no ii hito wa "shitsumon" de sa wo tsukeru

Copyright © Yuichi Higuchi

Assistant Editor: Mononome Kikaku

First published in Japan in 2023 by DAIWASHOBO Co., Ltd.

Simplified Chinese translation rights arranged with DAIWASHOBO Co., Ltd.

through Shanghai To-Asia Culture Communication Co., Ltd

Simplified Chinese edition copyright © 2025 by China Machine Press Co., Ltd.

北京市版权局著作权合同登记　图字：01-2024-3838 号。

图书在版编目（CIP）数据

聪明人都这样提问 / （日）樋口裕一著；石运译 .

北京：机械工业出版社，2025.3. -- ISBN 978-7-111
-77877-6

Ⅰ. H019-49

中国国家版本馆 CIP 数据核字第 2025KH2774 号

机械工业出版社（北京市百万庄大街 22 号　邮政编码 100037）

策划编辑：刘　岚　　　　　责任编辑：刘　岚　邵鹤丽
责任校对：梁　园　丁梦卓　　责任印制：刘　媛
三河市宏达印刷有限公司印刷
2025 年 4 月第 1 版第 1 次印刷
128mm×182mm・7.75 印张・96 千字
标准书号：ISBN 978-7-111-77877-6
定价：59.80 元

电话服务　　　　　　　　　网络服务

客服电话：010-88361066　　机　工　官　网：www.cmpbook.com
　　　　　010-88379833　　机　工　官　博：weibo.com/cmp1952
　　　　　010-68326294　　金　书　网：www.golden-book.com
封底无防伪标均为盗版　　机工教育服务网：www.cmpedu.com

第 2 章

通过提问有效推进谈判 / 067

第3章

通过提问获取信任 / 117

第5章

通过提问激励他人 / 197

聪明人能够通过『提问』获益

⊚ 沟通达人常用的最强技巧

人只要活着就无法避免要和他人发生对话。无论是和身边朋友的日常交谈，还是商务磋商，我们在日常生活里随时随地都在与人对话。但事实上也有不少人每天都苦恼于在各种各样的场景下应该如何进行交流这一问题。例如：

- ⊙ 不知道对方在想什么。
- ⊙ 无法获取对话的主导权。
- ⊙ 还没深入挖掘到更多信息，对话就戛然而止了。
- ⊙ 遇到一对一的商谈或谈判时就会被对方哄骗。
- ⊙ 不知道怎么跟对方搭话，感到很困扰。
- ⊙ 每次见面聊天后总感觉对方对自己的好感度下降了。
- ⊙ 想要鼓励对方但总是事与愿违。

很多人总觉得出现以上这些情况的原因在于自

己不擅长表达，但事实却并非如此。那些擅长沟通的人与其说是善于表达，不如说是掌握了某些沟通技巧。这些小技巧可以帮助我们更轻松地进行日常交流，也更容易给人留下头脑聪明的印象，进而有助于获得对方的信赖。就结果而言，这也能帮助我们更加顺畅地处理生活、工作上的问题。

因此，对于那些因为觉得自己不擅长沟通而感到苦恼的人而言，掌握恰当的提问技巧能够拯救他们在沟通上遇到的各种困境。

⊛ 提问是件令人难为情的事吗

那么，提问到底有着怎样的好处呢？

首先，如果能提出好问题，也就能得到好答案。当试图获取某些信息的时候，越是擅长提问的人就越容易获得更精准的信息，并能够借此与他人拉开差距，踏上成功的捷径。

其次，提问不仅能够快速掌握对方的基本信息，也能精准地把握住对方的需求。在进行谈判以及需要说服对方的场景中，如果没有提问环节，那么也就无法真正建立起有实质内容的对话。只有借助提问明确了对方的想法之后，才能进一步深入地沟通，并在此过程中拉近与对方的距离，毫不费力地打动对方的心。此外，提问可以在一定程度上限定对方的思考范围，通过提问这种沟通方式也能帮助你在对话中占据优势。也就是说，通过提问，能够在不知不觉中将对方引入你想要谈论的话题中。

掌握了提问的技巧之后，闲谈也不再是让人感到恐惧的事情。你将不再害怕陷入突然的沉默，通过提问能让你的闲聊变得更充实。

上述不过是提问这一沟通方式所能带来的一部分好处。我在小论文的批改指导、说话技巧、文章写作等为主题的演讲会上，接触了从孩子到老年人各种各样的人，我真切感受到只有少数人能活用提问这一便利工具。更多人认为"提问是令人难为情"的事。

究其原因，一是想到如果提问太过浅显，有可能招致他人的嘲笑，为此便会难以启齿而选择沉默；二是害怕问题过于深入反而使自己露出了破绽，因此，他们会用浅层次的对话搪塞过去。但是不得不说这种做法非常可惜。

因此，在本书的开头，我想要特别强调的一点是："提问者绝不会被当成愚蠢的人。"提出问题不仅不会被认为是愚蠢的举动，反而会让人觉得你头脑聪明，甚至还能获得对方的好感。

➤ 聚焦"提问"的时代

今后，提问的质量将成为影响一个人能否获得成功或是人生是否足够精彩的重要因素。而当下正处于这样一个变化时期。

众所周知，人们对以 ChatGPT 为首的各种人工智能的关注正在增加，ChatGPT 也正在成为商业活动中不可或缺的组成部分。想要借助 ChatGPT 获取有效信息就需要学会精准提问，模糊的问题只能得到对实际生活毫无帮助的模糊答案。

如果想要从人工智能那里获取精准且有效的信息，就需要提出更加具体的问题，或是学会掌握恰当的提问顺序及内容。此外，在得到满意的回答之前，需要持续且独立地进行头脑风暴。事实上，这也是和 AI 进行交流的好处之一。但如果做不到不断变换角度反复提问这件事，也就无法和 AI 建立起有效对话。如果希望这样的对话不仅仅是浮于表面的一问一答，应该怎样提问才好呢？或者说，当我们试图获取更精准的回答时，应该要问些什么才好呢？因此，在当下的时代里，学会提问这件事或许正变得越来越重要。

当我们在与真实的人类进行对话时，除了能像与 AI 对话时那样获取到有效信息之外，还能通过恰当的提问给人际关系带来积极影响。一个正中红心的提问能让对方无论是口头还是内心都卸下防备，从而获得对方的认同。相反，一个不当的提问，则会导致对方瞬间进入戒备状态，不愿继续敞开心扉。

虽然如此，但其实也无需太过担忧。因为对话本身就是不断产生分歧又不断达成共识的过程，所以即使对方变得不高兴，你也能找到合适的应对方式，这就是提问所具备的力量。如果觉得自己的提问有偏离主题或不恰当的地方，只需要改变角度重新提问即可。如果担心自己的发言内容有误，也可以用"请让我重新问一下"这样请求的方式重新整理思路。无论是谁都难免会有失误，因此不用过分在意。

虽然提问确实存在精准度的问题，但却没有好坏之分。谁都难免会在无意间问出愚蠢的问题，但只要能掌握恰当的提问方法，就能避免问出愚蠢的问题。而最愚蠢的是对提出了奇怪问题的自己感到难为情，或明明抱有疑问却不愿提出问题进行确认的行为。

⊙ 发掘有效信息的"灵魂提问"

当我还是大学教授的时候，曾经担任过入学面试的考官。在担任考官时，你会发现考官们的提问都有一些固定的套路。不仅是入学考试，求职面试等场合也同样如此。当被问到"你在大学里想要学些什么？""高中时代最全力以赴的事情是什么？"等问题的时候，考生们大多会努力地背出自己提前准备的答案。

但仅靠这些问题无法完全了解考生本人的情况及个性。并且，还有部分学生会因为太过紧张而回答不出问题。在这种情况下，就需要提出一些更容易回答的问题，帮助对方建立自信。

比如，当学生介绍自己花了很大精力在足球部的活动上时，可以尝试提出以下的问题："你觉得足球什么地方很有趣？""你踢的位置的诀窍是什么？""有没有喜欢的球队？"通过这样的问题，大部分学生都会不自觉地露出微笑并开始作答。

也就是说，不同的提问方式决定了对方是否能够积极回答问题。人是一种充满表达欲的生物，无论对象是谁，都希望能够进行交流。事实上，谁都有值得自傲的地方，但在面试时，大家都会假装老实，隐藏内心难以抑制的表达欲。如果能通过提问精准地击中这一点，也就能让对方打开话匣子。就好像是戳了一下装满水的气球后，"砰"的一下爆炸的感觉。气球越是膨胀，爆炸之后的信息也就会释放得越多——对方的思考方向、内心纠结、烦恼、"只在这里说的话"。不经意地刺激对方的表达欲，让对方可以畅所欲言，通过此种方法就能收获自己想要得到的信息。无论是谈判、说服、商量、商谈，还是闲聊，任何场景中提问都能帮助自己在交流中处于主导地位。

◉ 提问者是能够掌控对话节奏的主持人

观看综艺节目的时候，我发现了一个很有意思的现象：如果你仔细观察那些十分受欢迎的综艺节目主持人，会意外地发现他们中的大多数事实上并没有在节目中表达什么重要内容，反而是通过貌似不经意的各种提问尝试引导嘉宾分享自己有趣的经历。例如，他们会向嘉宾提出"所以呢？""那时候发生了什么事？""这是什么时候的事情？"等问题，然后在此基础上，对嘉宾的回答做出反应，以此来制造娱乐效果，突出嘉宾的性格特点和有趣之处。也就是说，那些通常被视作善于表达的人，其实更善于提问。

某些娱乐节目中，出演者们通常会一起坐在舞台的座位上畅聊。这类节目中即使某个嘉宾为了夺人眼球而旁若无人地表现自己，或是刻意做出一些夸张反应，也并不一定会给节目带来好的现场效果。

因此，这些人的表现在最终编辑阶段还是会被剪掉。实际上，这类节目是否出彩大多取决于主持人如何调动嘉宾，如何恰当地分配时间、角色。在这一过程中，提问就可谓是主持人的最强武器。

日常对话当中也同样如此。或许大家都曾有过在工作中因为聊得太愉快而不自觉地说出了真心话，或是在对话中不知不觉就被对方牵着鼻子走的懊恼经历。之所以会出现上述情况，无疑是因为对方有意识地扮演了主持人的角色，掌控了对话的节奏。

无论是比你地位高的人，还是初次见面的人，无论是面对一个人，还是一群人，提问都能帮助你在相应的场合中把控住对话的节奏，使其往对自己有利的方向发展。当然，提问也能为对方营造出容易产生分享欲的谈话氛围，让对话能始终保持热情，避免戛然而止。同时，对话双方也都能充分享受这样有意义的谈话时间。可以说，提问是能够帮助你像主持人一样掌控对话节奏的好方法。

⊙ 让提问成为你的口头禅

假设现在正在进行一项重要工作的洽谈，而你需要从面前的人那里获取某些信息。这时候的表达就很容易会使用"请告诉我……""我想知道……"等命令句式。

在受到对方冷遇的时候也是如此。虽然明白只要借助提问就可以应对这个问题，但因为过于紧张而一时找不到合适的表达方式。类似上述的情况在日常生活中并不少见。而想要避免类似事情的发生，就必须在日常对话中就做到让提问成为你的口头禅。

对此，本书将通过 5 章内容分别介绍应对各种场合的提问句式，让提问成为你的口头禅，也就是养成善于提问的表达习惯。这样一来，相信你的沟通能力一定能得到飞跃性的提升，并在各方面都有所获益。

最后简单地介绍一下本书的基本构成：

第1章：通过提问获取有效信息

本章网罗了能够帮助你正确地探听对方信息，获取自己所想要的信息的基础提问范式。从日常生活开始就将其作为口头禅使用，有助于锻炼你的提问力。

第2章：通过提问有效推进谈判

无论是工作场景还是日常生活，与人沟通都是一种谈判和说服的连续过程。本章中主要以商业场合为背景进行情景设定，讲解如何借助提问来解决紧急情况下的各种问题。

第3章：通过提问获取信任

没有比让对方和自己都能享受对话更好的事情了。本章将会讲解在日常对话中如何进行有效提问。

第 4 章：通过提问化危机为机遇

当对话陷入胶着、停滞状态，气氛也变得尴尬、紧张的时候，借助提问可以打破僵局。即使是面对啰嗦的人，也可以通过提问改善状况。

第 5 章：通过提问激励他人

越是在希望激发下属或后辈的干劲的时候，提问就越能发挥重要的作用。同时，提问也能帮助重要的人际关系变得更加融洽。想要鼓励别人，让人振作时，提问也是不二的沟通秘诀。

请务必在实际生活中实践本书中所提到的各种提问方式。但需要注意本书中所介绍的内容仅仅是一部分范例，我们可以根据不同的场景自行调整。在这个过程中，不仅你的提问能力得到了锻炼，最终也会形成具有个人特色的提问方式。

这时，你就不会再像从前那样觉得提问是一件令人难为情的事，也不会再出现因为不知道应该说些什么好或是为没有好的段子而感到焦虑的情况。你将能享受到沟通交流所带来的乐趣，主动地思考应该从什么地方开始了解对方，以及需要了解到怎样的程度等问题。

读完本书之后，希望你能意识到"提问是最简单的沟通方式"这个道理，沉浸到提问的"魔沼"中。我确信，如果能将"提问"作为可靠的武器，你就一定能够欣赏到由全新的沟通方式所带来的不同风景。

聪明人都这样提问

第 1 章

通过提问获取有效信息

1-1 提高信息的准确度

"确切地说，这是什么意思呢？"

把能够确认定义的提问变成口头禅

适用场景： 想要从对方那里获取准确且有用的
信息时。

这样提问： "我认为这个词是……的意思，您也
一样吗？"（定义）

"现在发生了什么呢？"（现象）

"您认为在将来会有怎样的结果
呢？"（结果）

借助提问明确定义、现象、结果

从本章开始，我将通过设定具体场景来介绍一些现实生活中大家都能用到的"聪明的"提问方式。

设想一下这样的对话场景：

一位老员工对年轻的团队负责人说"领导团队就需要让工作内容可视化"。听到这句话的团队负责人很自然地就会认可、采纳老员工的建议，因为这句话中并没有任何让人感觉难以理解的地方。

但如果仔细想一想就会发现，虽然"让工作内容可视化"这样的表达在商业场合十分常见，但对于具体要怎么实现"可视化"却并没有标准答案。

事实上，无论是日常生活还是商务场合，都**可能存在着对话双方以一种模糊的表达方式进行交流并默认已经达成共识的情况**，甚至可以说这样的情况还不少。但即使是对同一个词的不同解释也会导致双方的理解产生分歧，而这一点却往往容易被忽略。如果只是闲聊倒也罢了，但是工作当中出现这样的情况，很可能引发严重的后果。

因此，不妨尝试用如下的方式确认对方所使用词汇的含义。

○问："工作内容的可视化具体是什么意思呢？"
○问："您说的工作内容的可视化是……的意思，对吗？"

对此，你或许会得到这样的回答，"工作内容的可视化指的就是将每个人应该完成的工作通过云端工具进行开放式共享"或者"避免将工作内容私密化，独自一人处理问题"。

如果忽略了"工作内容可视化"这个词的具体含义，就无法准确地抓住这位老员工想要传达的重点。只是**简单地追问一句"具体指什么呢"来询问**

"定义"，就能倾听到对方更深层次的真实想法，并借此拓宽自己的视野，找到真正应该完成的事情。

掌握提问的首要秘诀——"3WHAT"

提问的目的在于获得你所需要的某种信息，或是对方所掌握的某些数据，或是经过多次交流沟通之后才能听到的对方的真实心声或困惑。

想要提高获取信息的精确度，就需要在提问时留意三个要点，即"3WHAT"。

提问的"3WHAT"

那是什么？（定义）

发生了什么？（现象）

会发生什么？（结果）

以上三点中最重要的就是上文提到的"定义"——那是什么？也就是要准确地把握对方所使用词汇的具体含义。但如果直接询问"定义"难免会稍显生硬，因此需要注意使用一些小技巧。

△问："这个词的意思是……？"

○问："我所说的 ×× 这个词是……的意思，您也
　　　一样吗？"

想不出问题时的解决方法

"3WHAT"中的"**现象**"指的是通过问题确认
当下直面的状况或课题。还是用上文的例子来继续
解释：

○问："如果工作内容未能可视化会产生怎样的后
　　　果呢？"

如果使用"什么样的事情会成为问题呢"这样
的提问方式，那么可以确认的不仅是当下的后果，
今后的课题点也一并得以明确了。

"3WHAT"中的"**结果**"指的是通过问题明确
其对将来的预测和展望。

○问："如果成功实现工作内容可视化会带来怎样的结果呢？"

这样的提问能够拓宽对方的视野，也有助于探讨对未来的展望。

提问时，首先从自己所未知的或者想要知道的事情开始就可以。如果想不到该问些什么问题，就使用以上所说的"3WHAT"技巧，按顺序进行提问。这一方法适用于多种场合。

把"关键词的意思是什么""发生了什么""你认为今后的情况会怎样发展"这样的话变成口头禅，并将其熟练地应用在沟通交流之中，就能提升你的提问能力。

1-2 避免漏掉关键信息

> **"事情发生的时间和原因是什么呢？"**

用提问消除对话中不断产生的疑问

（适用场景：）想要进一步深入主题探讨，但对方的回答始终含混不清。

（这样提问：）"背景和原因是什么？"（**明确理由**）

"在海外的情况如何？"（**明确地点**）

"以前是怎样的情况？"（**明确时间点**）

"你觉得有什么可行的方法？"（**明确解决方法**）

通过提问补足缺失的信息碎片

想要大脑完全接收某种信息，就需要先认同这种信息。在产生认同感之后，获取的信息就能消化成自身的知识，灵活应用于日常的工作和生活当中。

然而，当对方的话在某些时候显得含混不清，或是其观点有所偏颇时，又或是对方有意识地想要避开某些特定话题时，如果不仔细确认，脑海中自然而然地就会浮现出问号。**而如果想要消除这种疑虑，就需要使用接下来介绍的 3W1H 提问方式。**

？ 3W1H 式提问

3W 的 WHY·理由（为什么发生？）

3W 的 WHERE·地点（在什么地方发生？）

3W 的 WHEN·时间点（从什么时候开始？）

1H 的 HOW·解决方法（要怎么处理？）

这里的 3W1H 与上节内容中所介绍的 3WHAT 一样，都是**为了提高信息收集的精确度而准备的提问**。既可以接在 3WHAT 之后直接使用，对 3W1H 的内容进行逐一确认，也可以只针对那些你有所疑虑的地方进行重点提问。下面以前文中提到的"让工作内容可视化"为例来详细说明。

○问：（WHY·理由）"为什么让工作内容变得可视化很重要？"

○问：（WHERE·地点）"前辈原本所在的部门是哪里呢？"

○问：（WHEN·时间点）"是从什么时候开始使用云共享让工作内容变得可视化的呢？"

○问：（HOW·解决方法）"为了强化'让工作内容可视化'这一目标需要导入什么新系统呢？"

深挖主题的提问能够获得好评

像这样使用 3W1H 的提问技巧追问理由、地点、时间点以及解决方法，可以帮助我们获取更多的重要信息。

例如，当你认为应当通过调整既有的产品营销策略来提高销售业绩，反对进行新产品开发时，可以尝试通过以下问题确认对方是否对此进行了深入思考。如："为什么在这个时期必须要开发新产品？""其他同行公司的竞争产品是怎样的情况？""前期产品开发的成果如何？""在当前人手不足的情况下要怎样分出人力去开发新产品？"

通过不断地追问，对方想法中的混沌之处也就一览无余了。这种提问方式也有助于获取对话中的优势地位。此外，借助提问，你也可以发现对方的观点到底是什么地方让你感到困惑或不解，从而可以有针对性地进行深入挖掘。

上节所提到的 3WHAT 和本节所说的 3W1H 都是能够帮助进行深层思考的训练方法，**使用这样的提问视角有意识地聆听对方的说话内容，就能补充**

遗失的信息碎片。

此外，如果在会议停滞不前或是对对方所提供的信息感到模糊不清时使用 3WHAT 或 3W1H 进行提问，还会给周围人留下"善于抓重点，能够有针对性地提问"的好印象。

1-3 明确论点

> "您对于 ×× 的 ×× 是怎样看的呢?"

避免笼统提问,让提问内容更明确

(适用场景): 想要知道对方想法的时候;

不希望因为提问过于漫无目的而无
法获得有效回应的时候。

(这样提问): "您认为 ×× 出现 ×× 问题的原因
是什么?"

"您认为会议为什么总是持续一个小
时以上?"

🧍 当对方产生"您到底想问什么?"的念头时,沟通就已经宣告失败

世界上既有让人便于回答的提问方式,也有让人感到难以回答的提问方式。

让人感到难以回答的原因大多是由于提问内容太过笼统,很难抓住问题的重点。例如,在和别人一起看完电影之后,询问对方:"您觉得这部电影如何?"像这样的问题虽然有点笼统,但并不难回答。这是因为你们刚一起看完电影,对方能够明确地把握你提问的主题。但如果是工作伙伴问你"今天过得怎么样?",想必你一定会感到困惑吧?"怎么样"这个问题具体是想问刚才的报告,还是想知道部长今天的心情怎样呢?如果是这样的提问的话,或许就会让你产生困惑,不知如何作答。

提问固然没有好坏之分,但**如果问题让对方感**

到困惑，就称不上是个好问题。

笼统地问对方"怎么样"，在某些场合是适用的。例如，希望对方能够不受限制地思考时，或是完全无法预测对方会给出怎样的答案时，又或是在会议中不希望是自己而是期待由别人来主导话题等情况。但你也必须要明白，这样的提问方式会给被提问者带来一定的负担。

虽然这样的提问是否恰当也取决于你们之间的关系或是使用场景的差异，但如果**总是以笼统的方式提问，把问题完全抛给对方，**或许会在不经意间**拉低别人对你的评价。**

因此，让提问内容更明确这一点就非常重要了。

△问："您觉得会议的进行方式如何？"
○问："您认为会议为什么总是持续一个小时以上？"

通过把△问题对会议进行方式的模糊提问具体描述为○问题"持续一小时以上"，回答者在这时只需要回答自己所知道的信息或陈述个人想法即可。这就让对方更容易回答你的问题。

👤 在具体的问题之后，问"您觉得怎样？"，效果会更好

提问者可以通过提出具体的问题来设定回答的范围，从而把问题引向自己所期望的方向。具体可以参照以下范例：

　　答："会议总是持续一个小时以上，这或许是因为一开始没有提前确认资料内容吧？"

○问："确实如此。您知道提交资料的截止时间是在开会前一天的早上吗？"

　　答："不知道呢！这是什么时候调整的截止时间？"

○问："话说回来，您觉得会议的进行方式是否有问题呢？"

因为对方的回答当中已经出现了"资料"这一具体的东西，因此可以通过继续追问"提交截止时

间""过去的情况"等具体问题更深入地挖掘信息。
这时如果采用前文所介绍的 3WHAT 和 3W1H 技巧，
问题就不会穷尽。

从上述例子也可发现，**在具体的提问之后，问
"您觉得怎样？"这样的问题，效果也不错。**

在某个以采访各领域超一流人物为主要内容的
纪实节目会在结束时打出这样一行字幕："什么才是
专业人士？"这样的提问确实引人深思，但却是基
于正片中对登场人物以及其业绩的充分介绍之后提
出的问题，所以很有说服力。

因此，"您觉得怎样？""什么是……"等提问
在日常的对话中，不应该放在开始，而更应该在结
尾时使用。

1-4 婉转地反驳

"确实可以认为××，但或许也可以认为××吧？"

<u>提出反对意见之前，应该先肯定对方的意见</u>

适用场景： 想要婉转地指出对方发言当中的问
题点；

想要拓展彼此的视野，有逻辑性地
进行讨论的时候。

这样提问： "当然我是很赞成的，但或许也有人
反对呢？"

"原来如此，这个想法很棒，但能否
确保有足够的预算呢？"

🕴 能给人留下聪明的印象的万能提问公式

当无法赞同对方意见时，如果直接反驳"不，这很奇怪""我不这样认为"，或许会带来不好的后果。即使对方犯了非常明显的错误，你也应当意识到从一开始就否定对方不是一种聪明的处理方式。事实上，我们可以在充分听取对方的想法之后，再用提问直击问题的核心。这样，避免与对方产生争执的同时，还能巧妙地表达你的意见。

✕问："您真的认为年轻员工会赞同这种想法吗？"
〇问："这个想法确实很有吸引力。但是您不认为这种想法或许很难被年轻员工所接受吗？"

像〇这样的表达方式可以先向对方表示肯定，再使用"但是"这样的转折词提出自己的意见。**如果能熟练运用"确实如此……但是……"的句式，就能给人留下一种聪明的印象，在表达自己意见的**

同时推进对话。

🧍 在提问中变得更睿智

长期以来，我一直从事高考小论文写作的指导工作。得益于这一工作所积累的经验，我意识到如果想要帮助那些有自己想法但难以有逻辑地进行表达的学生写出合格的文章，重点就在于让其掌握"确实如此……但是……"的行文方式。

无论是小论文写作，还是撰写商业文件或回复邮件时，如果只是单方面陈述自己的见解，对于大多数读者而言，这样的文章并不具备足够的说服力。而如果**想要写出能够获取对方认同的文章，就必须在文中呈现出多重视角**。简单来说，就是有意识地从他人立场出发重新思考自己的观点。具体落实到文章写作时，就是恰当地使用"确实如此……但是……"句型进行论述。

日常对话中也可以使用同样的句型，在表达反对意见时也能不失圆滑。

〇问：“确实可以认为 ×× ；但或许也可以认为
　　×× 吧？”

提问的过程中，头脑中也会自然地浮现“但是”之后的内容。通过这样的方式可以锻炼自己去思考“我认为应当反对的理由”“我的见解的不足之处在哪里”等问题的能力。自然而然，讨论内容也会变得更加深入，也有助于从对方那里获取更多的有效信息。

这样的提问方式的最大好处在于可以在向对方表示一定的肯定之后，用很短的时间对其发言进行回应，也能帮助对方意识到自己的主张中的薄弱环节和破绽，“原来这里有问题！”。这样一来，即使是很短暂的交流，也会给人一种头脑清晰的印象。

“确实如此……但是……”句型还可以用于日常生活中各式各样的场景：

- ⊙ 想要婉转地反驳比自己地位高的人的意见，进行更加深入的讨论之时；

- ⊙ 想要激励因为失败而意志消沉的下属或后辈，一起探讨解决方法之时；

- ⊙ 需要批评对方又不想伤害对方的心情之时。

1-5 消除对方的先入为主

> "×× 本来应当是 ×× 吧？但是现状并非如此？
> （因此，我认为 ××。）"

<u>通过 "三段式" 思考，让对方意识到自己想法</u>
<u>的错位</u>

适用场景：当对方的发言缺乏根据的时候；

当对方的逻辑出现跳跃的时候。

这样提问："×× 的理想状态应该是 ×× 吧？然
而如果像您说的去做，不就变成 ××
了吗？（所以我表示赞成 / 反对。）"

🧍 使用"三段式"提问切入主题

人在做判断的时候会不自觉地比较理想和现实，思考现状是比理想状态更好还是更差，然后在此基础上做出最终判断并表达自己的意见。换言之，**人在做出好坏的判断时必定有其判断依据。**

然而在日常对话中，这一点却容易变得模糊。

仔细聆听那些总是自信满满地表达自己见解的人所说的具体内容时，会发现他们的依据其实大多局限于自己的见闻范围之内。例如，你能听到"以我的经验来看""就本公司的历史而言""据某位具有很高人气的网红达人所说"等说法，即使这并不能成为展开对话的理论依据，但其本人却对此深信不疑，难以发现自己的视野已经变得十分狭窄。

当需要和这样的人讨论工作时，如果不想办法让对方意识到问题，就会白白浪费彼此的时间。这时候，用"本来……"等能让人停下反思的提问方式可以引导对方进入你的立场之中。

通过展示理想状态，促使对方改变其想法的提问方式

假设你所在的公司要求所有项目都需要以部门为单位进行活动，但你又期望能够更高效地工作，那么这种要求无疑会让你陷入十分困窘难受的状态。面对一味强调传统的工作方式，不愿做出改变的领导时，要怎样进行沟通才能让对方同意你以更加自由的方式工作呢？

○问："公司本来就应该是一个让不同类型的员工都能发挥其最大可能性的地方，不是吗？只允许固定的成员一起完成工作这种做法是否扼杀了员工所拥有的可能性呢？（因此，希望您能够允许跨越部门甚至是公司的限制，以项目为单位来招募人手。）"

先用"本来"提示公司的理想状态，再通过提问来**比较理想与现实的情况**，最后再简洁利落地**表达自己的想法**。正因为理想与现实之间存在差距，被提问的对象也能意识到需要立即做出判断、回复和反思。当然，并不是所有主张都能迅速被接受，但以这样的方式提问，至少能够在一定程度上消除对方的先入为主，为进一步的深入讨论提供契机。提问的模板可以总结如下：

"×× 本来应当是 ×× 吧？"（提示理想状态）

"但是现状并非如此？"（询问现实与理想的差异）

"因此，我认为 ××。"（提出自己的看法）

这里的重点在于"本来……"之后能否提出任何人都会接受、想要回答"是"的问题。"编程学习本来是以培养学生的逻辑思考力、创造性以及解决问题能力为目标的吧？""所谓护理，原本应该以人际交流为根本吧？"像这样通过展示理想状态来获取对方赞同之后，再将自己的想法传达给对方，就能够让讨论的问题更加深入。

同样，如果希望对方能修正过于跳跃的思路时，也可以采用类似的提问方式。

1-6 **通过总结来引导对话**

"也就是说，就是 ×× 吧？"

<u>"先发制人"地总结对方没有充分说明的部分，</u>
<u>并通过提问展现自己迅速消化内容的能力</u>

适用场景： 已经掌握了对方的相关信息，了解
对方的想法和意见时；

希望当场能够展现自己对于对方想
法或意见的理解度之时。

这样提问： "也就是说，您认为应该将可持续发
展放在首位，对吗？"

"也就是说，是重新审视环境治理的
指示，对吗？"

👤 聪明的提问方式："我是这样理解的……"

有句话叫做"听一知十"，指的就是有的人能够迅速消化信息。当然这些人或许并非有意所为，但我总觉得在他们提问的时候不经意间就流露出聪慧的气质。

因为工作的关系，我时常会接受各种各样的采访。由于这些采访大多围绕"樋口式小论文的模板"展开，因此不少记者都会提前调查我的著作或者我曾参与过的活动，且对于"樋口式小论文的模板"也基本上都有着一定的理解。其中那些优秀的记者大多会采用这样的提问方式：

○问："也就是说，这是 ×× 的意思吧？"

樋口式小论文通常分为"提出问题""表达意见""展开""结论"四个板块，尤其会在"表达意见"的部分，指导学生使用"确实如此……但是……"这样的句型进行表达，使文章更具说服力。对此，能快速消化信息的人往往会提出以下问题。

○问："表达意见的部分使用'确实如此……但也有这样的反对意见存在。对此，我认为……'的句式，是希望借此表示你的反对意见是建立在客观事实基础上的，对吗？"

听到这样的提问时，我总是会格外感慨："这确实理解到了我想表达的意思。"事实上，这样的提问已经预先总结了我在之后想要详细说明的内容，能够让采访变得更加紧凑而有效率，也使人感到心情舒畅。此外，通过这样的提问也能让人感到自己的观点得到了认同，因此也更容易对采访者产生信赖感。

通过总结式提问获得比"一问一答"更多的成果

与工作上的合作对象初次见面时，提前调查好对方的情况是一种最基础的准备工作，也是一种基本的礼仪。因为手头已经有对方的相关信息了，因此可以在对方表达的时候跟上其说话的节奏。同时还能够用"我是这样理解的……"这样的句式进行适当总结，并提出问题。当然，如果能在没有掌握对方信息的情况下做到上述的事情，则更能展现出你的聪明智慧。

将倾听对方说话的同时总结要点的行动变成你的习惯，有助于摆脱"一问一答"式的单一沟通模式，也能够让对方产生分享更深层信息的意愿。

○问："也就是说，您认为应该将可持续发展放在首位，对吗？"

○问："也就是说，是重新审视环境治理的指示，对吗？"

　　或许有人觉得迅速消化信息的能力是天生的，但其实无论是谁，或许都有掌握这种能力的可能性。如果你能掌握提问技巧的话，至少可以在恰当的时机给人一种能够迅速消化信息的印象。

但是在使用"也就是说……"的句式进行提问后，如果对方只是模糊地回答"啊，确实可能如此""这一点我也没有注意到"，这或许是在委婉地表示你的总结并不到位。因此，这样的提问技巧需要在深入思考之后再谨慎使用，尤其不要为了表现自己而在没有足够信心的场合提问。

1-7　让对方充分地自夸

"是怎样的契机（让您获得了现在的地位）？"

聚焦过去的提问能让对方产生分享自身经历的
意愿

适用场景：需要详细了解对方的个人经验或经
历时；

希望对方能够进行详细分享时。

这样提问："您是怎样摆脱困境实现大逆转的呢？"

"这就是 ×× 个人历史的序章吧？"

通过提问激发对方的分享欲

假设在与重要的合作伙伴碰头的时候，需要详细地了解对方的个人情况。如果一直思考要怎样才能看似不经意地打听对方的信息，如何让其能够心情愉快地进行分享，又或是如果遇到了对方不愿开口，对话陷入沉默尴尬的境地时要怎么办才好等问题，想必一定会让人感到十分紧张。但越是这样的场合，越是希望你能回想起人是一种充满分享欲的生物这件事。

面对棘手的谈话对象时，**借助提问来激发对方想要分享的欲望十分重要。**这里所说的"激发"，并不是指一味地用"你真厉害""不愧是你"等语言来抬高对方。事实上，如果对方逻辑思维足够缜密，这样的夸赞越多，反而会让两人之间的交流变得不顺畅。

而能够激发对方分享欲的好问题，其实就是那些**让人能够畅快自夸的问题。**当提问者作为对话的主持人先开口时，可以尝试用这样的提问打开对方分享欲的开关。具体如下：。

○ 问："到底是怎样的一个契机，让 ×× 成就了这样一份谁都未曾想象过的事业？"

提问的重点在于"契机"这个词。当被问到这个问题时，大部分人都会沿着时间轴分享自己的想法。回答者也会认为这是提问者对自己感兴趣的一种表现，从而对提问者产生更多好感。

👤 通过询问"契机"实现双赢

通过询问"契机"，让对方讲述迄今为止的时代背景以及为什么会发生这种事情的原因。即使在面对面之前已经提前掌握了对方一定的信息，但实际见面时还是可以通过询问契机，把收集到的各个小点串联成线，最终形成一个完整的故事。

这样一来，我们收获了足够的信息，同时也给予对方充分讲述的满足感与切实传达的安心感。对话双方都收获了满意的沟通效果。

○问："您是怎样摆脱困境实现大逆转的呢？"

○问："和谁的相遇让您打开了新世界，下决心创业的呢？"

○问："这就是××个人历史的序章吧？"

想要从对方那里获取更多的信息，重点在于聚焦过去，提出让对方愿意分享过去经历的问题。这样的沟通方式并不局限于在与那些比自己地位高的人打交道的时候使用，在日常对话中也同样适用。**通过提问，如果让对方产生一种获得了展现自我的机会的感觉，就很可能会获取到超乎想象的信息。**

让提问变成自己的口头禅，并不是要让你变成"提问狂"。必须要注意的是，当对方并没有倾诉的欲望时，无论怎样提问都只会止于机械的一问一答，无法延长对话，获取你想要的信息。同时，与对方的距离也并不会因此拉近。

1-8 让对方变得更容易分享观点

> "您说的是……？"

交替询问抽象问题和具体问题，让表达变得更清晰

适用场景： 想要委婉地表达"请更加清晰具体地说明""请将抽象的概念总结得更加通俗易懂"的时候。

这样提问： "您所说的'日子不好过'指的是……？"

"您所说的'为了一支圆珠笔也不得不去财务科'指的是……？"

⚘ 对于抽象的事情具体地提问，对于具体的事情抽象地提问

现如今，很容易就能通过手机查到过去不知道的事情。但在很久之前，我曾有过这样的焦虑：会议中突然出现"利益相关者"或是"启动"等让人摸不着头脑的商务名词，多亏事先进行了调查才没出大纰漏。

会议中出现的陌生用语会让你在开会时陷于困惑之中，因此需要事先调查。但这样的方法是否能在日常对话当中应用呢？想必大家都会遇到这样的情况：对于对方所说的某些内容抱有疑问，或是希望对方能针对某个部分给予更多反映却不知道该如何提醒，只能敷衍过去。

例如，听到对方抱怨"最近的日子真不好过……"时，即使知道"日子不好过"本身的含义，但在这里

却不明白对方具体想表达什么。为此，可以尝试这样提问：

对方："最近的日子真不好过……"

○问："您所说的'日子不好过'指的是……？"

"日子不好过"是一种很抽象的表达。对此，可以**通过提出类似"您所说的'日子不好过'指的是……？"等问题让对方明白你想知道的是"什么事情让你产生了这样的想法"**。由此获得对方的具体回答："我们公司现在即使是领一支圆珠笔也要去财务科提交申请书。我觉得如果是一般公司的话，应该都可以从存货当中自由取用才对。"

"日子不好过"有可能只是一种随口的抱怨，但通过追问"您所说的……指的是什么事呢"，让对方更容易继续这个话题。与此相反，如果对方的描述太过具体时，则可以直接询问其内容主旨。

对方："为了一支圆珠笔也不得不去财务科！"

○问："您所说的'为了一支圆珠笔也不得不去财务科'指的是……？"

对方："现在只是一个文具都得写申请，想必之后会削减更多的经费支出吧。最近公司的日子真是不好过……"

像这样针对"为了一支圆珠笔也不得不去财务科"的具体叙述，通过提问主旨让对方明白你希望知道他到底想要说什么，从而**促使对方总结其观点，将自己的发言抽象化**。

通过提问让对方进入思考状态

对话当中确实需要提示具体例子，但如果只是简单罗列"做了……还做了……"的话，这样的叙述会变成小学生作文一样，让人弄不清你想说的核心内容是什么。因此，如果**对方用具体例子进行叙述的时候，可以通过"你所说的……是……"这样的句式提问，让对方进一步回答"也就是说……"**

来概括其核心内容。

此外，在遇到"工作时团队协作很重要""商业上应该具有更广阔的视野"这样抽象的表述时，应该用提问引导对方举出具体事例进行说明。

像这样，通过用抽象的问题和具体的问题交替提问，能让探讨的内容更加深入。如果对于某部分内容无法完全理解时，用"您所说的……指的是……"的句式进行提问，也能够帮助对方打开思考的开关，寻找通俗易懂的具体事例进行说明，最后总结概括其想表达内容的主旨。像这样，仅仅只靠一个问题就能让对方的表达内容变得更清晰易懂。

1-9　收集用于判断的材料

"缺点是什么？"

如果不对负面信息进行提问就不能使问题浮现

(适用场景：) 想要从对方那里获取"如果不问就不说"的信息之时。

(这样提问：) "像 ×× 的场合，可能会出现怎样的问题？"

"如果像这样轻易就能完成的手续，安全性上是否有保障呢？"

留意对方没有提及的内容

销售商品时的说话技巧在于如何最大限度地展现商品的优点。销售的说话技巧越高超，就越能让消费者感知到那些原本没兴趣的商品所具有的魅力，产生一种现在不买就是一种损失的感觉。

我曾经因为被某种号称能够轻松弥补运动量不足的商品广告语打动，而购买了一款骑乘式的健身器材。但实际使用不久就发现这个器材反倒让我的腰痛变得更严重了。之所以会出现这样的状况，都是因为在购买的时候，我忘记向商家确认这件商品是否适用于有腰痛病的人群。

谁都不愿意主动提及那些对自己不利的事情。无论是在日常生活中还是在商业场合，为了不动摇自己的地位，人们都会只强调自己好的那一面，因此在对话时会下意识地进行信息筛选。如果对方表现出一种"如果不问就不说"的姿态，而这部分又正好是自己想知道的内容，那么不主动提问会产生怎样的后果呢？那就是，不仅不能掌握到重要信息，还会在沟通中被对方牵着鼻子走。

但如果能够掌握恰当的提问方法，直击对方试图沉默以对的内容的话，就不会出现上述的情况。而要做到这一点，最重要就在于将提问内容聚焦于负面信息。

〇问："这确实非常棒，但能不能也告知我它的缺
　　　点呢？"

如果商品或服务有着极具魅力的优点时，那一定也有由此而生的缺点存在。例如：以史上最小巧为卖点的商品一定会有一些功能因为"小巧"而被舍弃掉。

〇问："东西变得更小巧了，那么由此产生的缺点
　　　是什么呢？"

像这样直击要点的提问就能引导对方说出不愿主动提及的缺陷。

⚕ 通过询问负面信息，有助于做出最明智的判断

想要发现对方话语中隐藏的不愿提及的内容时，可以尝试具体地提问："对于这一点您是怎么看的呢？"

○问："如果像这样轻易就能完成的手续，安全性上是否有保障呢？"

如果对方已经预先准备好如何回应这些缺点，那么你的提问都是他所准备好的内容，这样的对话也没有任何新意。反之，对方支支吾吾，含糊其辞的话，也就表明他没有预先考虑好你所指出的问题。当照本宣科的解释无法被接纳的时候，他就有必要对提出的问题点进行反思和改善。

人生时不时会面临必须学习或探讨陌生领域的相关知识的情况。例如，如果要翻修房子就需要和装修设计公司打交道，如果要继承遗产就必须和律师事务所、税务局等部门打交道，如果想要投资就要和理财顾问打交道，等等。

这时，在**收集用于判断的材料的同时，应该牢记询问负面信息，只有这样才能尽量避免损失**。而想要做到这一点，则需要仔细倾听，来发现对方所传达的信息中缺失的部分。

1-10　提出异议

"哦？"

"这个解释真的对吗？" 将疑问变为提问

(适用场景：) 想要进一步确认对方提供的信息时；

感觉有必要仔细检查时。

(这样提问：) "（真的）是这样吗？"

"哦？你能再解释一下吗？"

"……（不做出回应）"

👤 通过简洁的回应来表示疑问

根据对方如何回应问题，我们能够感知到对方的聪明程度。当对方能够流畅地回答你想知道的问题，甚至能够提供超出问题之外更丰富的信息时，你就很容易对对方产生极大的信任感。

反之，当遇到对方略显草率地回答你的严肃提问，或是不懂装懂的时候，不要忽视你的疑问或顾虑，而应该继续询问和确认。

例如，安排后辈去视察竞争公司的新产品情况时，明明有很多值得汇报的情况，但后辈的回复却止于"我觉得是很好的商品"这样主观又笼统的感性层次。在这时，或许应该及时向对方指出这样的回复并不是真正的视察汇报。在提出"是怎样的商品？""什么地方让你觉得很好？"等问题，并对后辈进行手把手的培训之前，可以先尝试简单地问一句"哦？"。如果是和家人、朋友的日常会话的情况下，则可以尝试这样的提问方法。

○问："（真的）是这样吗？"

　　虽然是这样简短的反应，但却能够趁机向对方透露出"我对你的回答感到不解"的信息。也就是说，**通过这样的方式在提出异议**。而对方在听到这样的回应时也不得不重新思考怎样给出回应。即使是面对比自己地位高的人，如果在对话过程中产生**"这样的解释是否正确""能否将信息准确传达给我"**这样的疑虑时，也应该大胆而明确地表现出来。

🧍 "哦？"也可以婉转地表示出反对之意

○问："哦？您能再解释一下吗？"

　　像这样加一句"哦？"，能让对方感知到你委婉的反对，而如果再加上对自己理解不足而感到抱歉这样的语句的话，会给你的反对加上一层保护色，让对话的氛围变得很柔和。

当明白这种问题的作用之后，就不用再压抑自己对于对方发言内容的疑问或不认同了。即使是在不明白这种不认同产生原因的情况下，使用"哦？（真的）是这样吗？"等简短的提问，也能让沟通变得更有效。但是要注意，如果使用太频繁也可能会招致对方的不适和反感。因此，可以将这样的提问作为心中的口头禅。

对于对方的发言完全无法接受的情况，**不做出任何回应也是回应的方法之一。**

○问："……（不做出回应）"

越是无声的反对越能让对方感到难以忍受。

第 2 章

通过提问有效
推进谈判

2-1 缓解初次见面的紧张

> **"您的名字应该怎么念?"**

用十分普通的问题让对方开口

适用场景: 商务场合中, 想要在交换名片之后自然地开启话题的时候。

这样提问: "很有趣的部门名称呢! 是新设立的部门吗?"

"贵公司的玄关总是挂着装饰画吗?"

用提问来提升初次见面时的印象分

　　日常生活中需要和他人进行谈判的场景十分常见，谈判并不局限于商务场合，和朋友商量晚饭要吃什么的时候，尝试说服对方的过程，也可以称作是一种谈判。

　　事实上，**在需要进行谈判的时候，正是提问这种沟通方式的最佳出场时机。**本章将主要通过模拟商务场合的各种情况，举例说明进行提问的方法。

　　首先，假设现在是与合作对象的初次见面，在这样的情景下谁都难免会感到紧张。但如果因为紧张而一味地等待对方开口，那就未免有些可惜。不妨尝试在交换名片之后进行如下提问：

○**问**："您的名字应该怎么念？"

○**问**："很有趣的部门名称呢！是新设立的部门吗？"

○问："Logo 很漂亮！是贵社社长设计的吗？"

看着名片提问，即使是再普通不过的问题也没关系，因为这是最基本的商务礼仪。重点不在于问题本身，**而在于借助提问让对方开口**。提问能够向对方传达出一种"我想要了解你"的信息，不仅有助于顺利地展开对话，某些情况下还能够帮助你主导现场的气氛。

相反，需要注意的是，避免一开始就直奔主题。比如，在交换完名片后立刻进行介绍，"这是本公司的资料"，或是自顾自地开始话题，"关于之前在邮件中咨询的那件事，就结论而言……"这样一来就失去了让对方先开口的机会。

选择直奔主题的人或许会以为，如果自己先开口说话就能掌握交流的主动权或能给他人留下一种精明能干的印象。当然也有可能仅仅是因为他们不懂得如何正确提问。

打听对方的情况是为沟通预热的最佳方式

如果想要在初次见面时就能顺畅地进行沟通，那就需要为一拍即合的畅谈预留准备时间，其中不可或缺的就是进行提问。

我们假设如下场景：客户公司更换了原定的对接人，现在又需要和对方进行一对一交流。比如，预约面谈的是对方科长，但现场来的却是初次见面的年轻下属。在这样的情况下，**通过提问可以帮助双方在正式交流前做好心理准备**，也便于对面前的人进行针对性提问，从而让对方更容易开口交流。

对方： "我是 A 科长的下属 B。今天科长去处理部门里的突发情况了，由我来代替科长接待您。"

○问： "我是 ×× ，初次见面，请多关照。实在是辛苦 A 科长了。A 科长回到总公司后，您就一直跟着他工作吗？"

这种场景下，即使对方很有才干，也可能会因为担心客户不满于下属代为接待而感到不安，或者产生一种不容失败的逞强之感。而**主动提问可以很好地缓解对方的不安或勉强情绪**。如果有把握的话，也可以提出更具体的问题。例如，"您是不是在年初的时候参加了 ×× 公司创立纪念日的宴会呢？"用这种方式来缓解彼此的紧张感。

2-2　构建关系

> "有没有觉得宴会的致辞太冗长了？"

通过共享负面情绪的提问，构建同伴意识

适用场景：想要在谁都不认识的宴会中和他人
交换名片的时候；

在同行业的聚会中想要和感兴趣的
人拉近距离的时候。

这样提问："这个会场离车站挺远的，您有没有
迷路？"

"您不觉得这个宴会规模太小了吗？"

👤 巧用观察力进行提问，让搭话变得更自然

对自己的沟通能力没有自信的人，最为难的事或许就是参加谁都不认识的宴会或聚会了。他们大多不知道在这样的场合里要怎样才能和素不相识的人自然地搭话，因而总是像装饰物一样躲在一旁，远眺那些活跃分子。

确实，想要在满是陌生人的场合中，和初次见面的人就建立关系并不是一件容易的事情。但如果只是等着别人搭话，就会浪费掉难得的机遇。因此，接下来的部分将介绍一些主动发起对话的小技巧。

首先可以尝试将眼前的事物变成对话的素材。

〇问："这个智能手环的颜色很少见吧？"

西装、衬衫、鞋、包等任何东西都可以用于这样的提问，即使让人觉得有点唐突也没关系。只要

在提问之后补上一句"我恰巧也在考虑要不要买，看到你的这个感觉很不错"，就能让对方明白你提问的原因。或者说"其实我也有同款""最近在网上看到了类似的款式"，等等，补充说明的句式多种多样。像这样的提问方式就能帮助你很自然地和对方搭上话。

🚶 通过提问共享细微的不满，有助于开启轻松的闲聊模式

除了上文介绍的方法，其实还有更高阶的技巧。例如，可以通过如下提问拉近与对方的距离。

○ 问："有没有觉得宴会的致辞太冗长了？"
○ 问："这个会场离车站挺远的，您有没有迷路？"

即使是素不相识的人，如果能够有相似的兴趣爱好就很容易让彼此有一种志趣相投的感觉。拥有共同点能拉近彼此之间的距离，而这种共同点并不一定必须是积极的，拥有消极的相似之处也同样能

拉近距离。像上述的两个例子那样尝试故意表达一些消极的内容时，反而能引出对方同样的不满或抱怨，"真的呢，这个时长的话，游戏都能打过三个关卡了""我也是有点路痴，来的路上走错了两次呢"，等等。

像这样的不满、抱怨原本是只能和熟悉的伙伴分享的，但在与不相识的人**初见时就有意识地分享一些负面信息，则有助于和对方建立起类似的伙伴关系，便于开启轻松的闲聊。**不仅能够降低沟通的难度，还能让对话进行得更自然。

当然，这样的提问需要在仔细观察、评估对方的情况之后进行。因为不能完全排除对方是活动主办方的情况。如果发现致辞环节时对方有打哈欠的情况，或是和自己一样都赶在宴会即将开始时才入场，就可以尝试进行类似提问。

或许有人会觉得那些善于沟通的人天生就有源源不断的话题，不会出现无话可说或是怯场的情况，但这并不是全部的原因，之所以会存在这样的差距，主要在于他们能够仔细地观察对方以及现场的情况，并据此准确地判断出在怎样的时机进行提问能够打开对方的心扉。**一旦具有了敏锐的观察力，提问也就变得容易了。**

2-3 刺激对方的自尊心

> "听说您收藏了 300 张贝多芬《第九交响曲》
> 的 CD，这是真的吗？"

提前调查好对方精通的事项，并有针对性地夸
<u>赞，借此引导对方说出自傲之处</u>

适用场景：能够对对方进行事先调查的场合；

与合作方的继任者初次见面的时候。

这样提问："听说您去年与五家公司签订了新
合同？"

"听说××领域的新业务都是由
××先生开拓的，对吧？"

👥 善于谈判的人会进行事前准备

偶尔能遇到那种无论对方是怎样的立场，都能顺利地展开对话并按自己的想法推进，最终将对方变成己方的人。例如，在某次有关古典音乐的采访中，我就曾遇到过这样的人。

作为古典音乐爱好者，我曾经出版过相关书籍，也曾担任过在日本举行的世界级音乐节的策划人，因此我时常会接受相关的媒体采访。某次采访中，记者提出了这样的问题。

○问："听说您收藏了 300 张贝多芬《第九交响曲》的 CD，这是真的吗？"

当被问到这个问题时，我感到十分开心，也发自内心地觉得对方问了一个好问题，因此也愉快地回答了对方的提问，并展示了我的保留节目。我之所以会有这样的反应，一方面是因为对方提到了我最尊敬的音乐家贝多芬，另一方面则更多是因为感知到对方在采访之前做了充足的准备。但需要注意的是，如果对方像下面的例子那样提问的话，或许只会得到"确实如此"这样简单的回答。

△问："听说您喜欢贝多芬，是吗？"
△问："听说您写过关于古典音乐的书，是吗？"

这两种提问方式和上面的提问有何不同呢？区别主要在于问题里是否出现了"300 张"这样具体的数字。如果提问足够具体，回答者也比较容易分享自己的故事和经历。换句话说，也就更容易展现自己的自傲之处。从结果上来看，这样的回答也迎合了提问者的节奏和需求。

而如果从提问者的角度出发时，就能发现**只需要加入一个具体的要素就能把对方牵引到自己的立场上，让后续的对话按照自己预想的节奏发展。**

提前调查对方的业绩能够灵活运用于提问当中

如果想要让对方展现自己的擅长之处，或是释放那些压抑的表达欲，就需要像吹水气球一样，通过提问让对方的自傲之心不断膨胀。**而想要提高问题的精准度，以便于更好地制造类似的契机，就需要对其做好事前调查。**除了需要对其当下的工作情况、业绩进行调查，最好还能掌握对方的职业履历或者上一份工作的情况，甚至是对婚姻情况、家庭构成、兴趣等个人情况也进行了解。如果能在这些资料中发现和自己的共通之处，也就更便于提出一些具体问题。

当试图挠到对方的痒处时，当然可以尝试直接夸赞对方："从 ×× 部长那里听说，您是贵公司的希望之星。"但如果希望能够获得更好的效果，可以采用下面的提问方式。

○问："听说您去年与五家公司签订了新合同？"

提问中出现"五家"这个具体数字时，对方或许会谦虚地说，"只是运气而已"，**但这种谦虚并不意味着不愉快。**趁着对方心情愉悦之时，将话题转移到商谈上，顺势提出你的方案，相信会有不错的效果。

采访、商谈、会议等场合其实也是通过谈判来争取得到对方更多信息的地方。善于谈判的人无论在怎样的情况下都能通过提问获得对方的接纳，能够构筑起对自己有利的人际关系网络。

2-4　突出对方的意见

> **"您是反对 ×× 吗？"**

通过提问，明确和对方的分歧点

适用场景： 对方的表达过于模糊而不得要领的时候；

摸不清对方真实想法的时候。

这样提问： "那么，是应该放弃这个计划吗？"

"对于推进 ×× 这件事您是赞成，还是反对呢？"

👤 需要弄清对方反对的是什么

与那些不擅长写作、阅读的人进行交流时，我在一开始就会讲解以下的内容：例如，阅读报纸上以"导入 AI 护理"为主题的评论文章时，或许你只会单纯感叹于 AI 技术的发展在护理应用中减轻护工负担这一点，不一定能够完全理解该文章的真正论点。特别是当文章中没有进行明确的意见表达时，更是如此。

不仅是在文章中，"表达"这件事本身就需要明确表示你所主张或反对的内容。 当你读完某篇文章之后，却不能很清晰地理解文意，那也就意味着你没有抓住文章中所表达的意见。

事实上，如果用同样的思维去看待对话，会帮助你更好地进行沟通。**当对方的表达过于模糊不清而无法明确其想法的时候，有可能是因为对方内心**

中也对某些事情存有疑义甚至是持反对意见。

假设现在正在讨论"是否应该替换掉在公司外会谈时总是迟到的某位年轻负责人"这一议题，对方的回复十分模糊，以至于无法摸清其想法。在这种情境下，十分不建议采用以下的提问方式。

×问："那么，应该怎么办才好呢？"

面对这样的提问，对方可能会通过含混不清的回复来避免直接表达意见，"是的呢……应该怎么办才好呢？"这样一来，对话就陷入了僵局。

△问："您最在意的点是什么呢？"

即使像这样追问，对方也尚有逃避的余地。如果想要真正推进议题，需要更进一步地打磨你的提问。

在明确分歧点的基础上，重复自己的意见

针对上文提到的场景，可以尝试像这样提问。

〇问："您是反对更换负责人吗？"

　　对方或许踌躇于是否应该用更替岗位的方式惩罚这位年轻的负责人，又或许是期待通过写检讨书的形式，让对方意识到问题所在。当然也可能还在思考其他的处理方式。但如果被直接询问"您是反对更换负责人吗？"时，对方也就不得不做出明确的回应了。即使对方在表达上仍然有含糊其辞的部分，但这种模糊不清的态度其实也透露出了他的反对意见。

　　当然，并非所有的事情都非黑即白，特别是日本人一般都不愿意明确表达意见，更倾向于给出比较模糊的回答。正因如此，**想要弄清楚对方的想法，就需要通过提问来明确己方与对方的意见对立之处，让讨论得以真正开始。**

　　如果对方回答，"让他提交检讨书是不是就可以了呢……"，而你自己却认为"应当更替负责人"的时候，就需要进一步明确你和对方的意见分歧点的所在了。"那么，要如何应对像××公司那样多

次提出投诉的公司呢"，通过这样的提问进一步做
出反驳。

　　牢记用提问来明确对方的反对之处这种方法之
后，无论是一对一还是在多人会议中，都能够突出
对方的意见所在。

2-5　为对方提供便于表达的场景

"从您的立场出发，会如何看待这件事呢？"

想要说服对方就更应该学会倾听，争取让对话
达成共识

(适用场景)：想要避免对方只回复"如您所言"
的时候。

(这样提问)："如果是您的话，会怎么应对这件
事呢？"

"即使贵公司的上层对此持反对意
见，但还是希望了解您作为现场负
责人的意见是什么？"

✦ 给对方留出余地的提问

在进行讨论的场合中，往往会出现"声量大"的人的意见容易被通过的情况。所谓的"声量大"，不仅指能够直接干脆表达意见，也包含着通过频繁发言对现场产生了一定支配力的意思。大多数的参与者或许产生"又是他一个人的表演""感觉这个人很麻烦，不如就让他自己说吧"等想法，只有当事者本人没有意识到这样的问题存在。不仅如此，甚至还有可能会因此认为，能够口若悬河地表达意见的自己比在场的其他人都更优秀。

类似的情况不仅发生在商务场合，在与家人、朋友的相处中也会出现。这样的人一旦谈到自己的专业领域，就会变得高谈阔论，让其他人感到不耐烦。例如，只不过是一边看新闻一边闲聊的日常场景，但如果某个熟知政治学的人开始滔滔不绝地谈论一些专业知识，周围的人或许也会觉得他的话听起来很厉害，但也会因为觉得太难理解而没法真正听进去。不过，在这种场合，说话者本人几乎无法主动意识到这一点。

这样的沟通其实就是在强迫对方赞同。对方只能被迫聆听而没有插话的余地，渐渐地就会越来越感到有负担，最终反而会催生刻意反对之心。

掌握对话的主导权，与经过有意义的讨论之后的成功交涉是两件完全不同性质的事情。那些在谈判中总是以失败告终的人，是不是在无意之间就已经催生了对对方的抗拒之心呢？如果事实真是如此，那确实是一种极大的损失。不过，遇到这种情况，只需要牢记一个提问，就能防患于未然。

〇问："从您的立场出发，会如何看待这件事呢？"

通过提出异议和反对意见，让对方产生认同感

谁都难免会从自己所处的立场和位置来观察、

思考事物。但如果一味固执己见就容易在沟通中产生矛盾冲突。越是想要通过思路清晰的解释让对方赞同，也就越会可能剥夺对方发言的权利。

反之，如果能给对方留出足够的提出异议、反对意见的余地，反而更容易达成共识。可以说，**如果缺少提问的环节，就无法在讨论中成功达成共识。**通过简单询问对方"从您的立场出发，会如何看待这件事呢？"，能够便于对方从周边环境、职场地位、专业领域等方面出发表达自身观点、想法，让对方能够真正地畅所欲言。

○问："对于本次税务改革，我持赞同意见。但您从自由职业者的角度来看，觉得如何呢？"
○问："即使贵公司的上层对此持反对意见，但还是希望了解您作为现场负责人的意见是什么？"

同样，类似的提问方式也可以用于医疗场合。比如，对于治疗方案有所犹豫的时候，可以尝试提问："如果您是医生的话会采取怎样的治疗方案呢？"当想要请教精通电子产品的人之时，可以尝试提问："如果是您的话，会选哪种程序呢？"如上，**当希望获得某领域的专业人士的意见时，可以采用上述的提问方式。**

2-6　试探发言的真实度

"遵守规则不应该是最优先考虑的吗？"

通过"动摇式提问"看破真心话与场面话间的平衡

（适用场景：）对方想要逃避说出真心话的时候；

感到对方没有说出真实想法的时候。

（这样提问：）"我们真的必须遵守先例和惯例吗？"

"我想知道，您认为像这样继续推进可行吗？"

🧍 明确自己的立场之后再提问

对于上司的想法原本持反对意见，但一想到如果提出意见，事情有可能会变得麻烦，不如选择赞成；明明发现了计划或方针的问题，因其他人都没有注意到而选择沉默。对于这样的同事，或许可以尝试这样提问。

○问："对于上司的那个想法我感到有些疑问，您觉得那样真的可以吗？"

对方可能会顺势吐露心声："其实我也这么觉得。"

想要直率地交换意见，但又不想戳穿对方的场面话的时候，与其试图一下子就打听出对方真心话，不如尝试使用"**动摇式提问**"，或许会更有效果。

对某项事物的反对或赞成意见都是逐渐递增或

递减的。即使对上司的想法持反对意见，但考虑到反对的人数，反对程度可能就会减少 30%，再拿出预算数据来看，反对程度就可能降低 50%。虽然如此，这也称不上百分之百的赞成。而对这种**基于情感变化之上的真心话可以通过"动摇式提问"来窥探其真实度。**

例如，对于现代的商务人士而言，遵守规则是一种共识。尽管口头上大家都这样说，但内心觉得"话虽如此……"的人也不少。虽然明白必须遵守规则，但心存侥幸想要继续推进计划的情况依然存在。当你对此心存疑问的时候，可以先明确自身立场之后，再进行提问。

○问："遵守规则不应该是最优先考虑的吗？"

这样一来，"遵守规则的确不是最优先的事项""只是想法而已""或许只要参考同行业公司的同类情况的最低程度遵守即可吧"，等等，不同程度的真心话都能够自然地呈现真实情况。这个提问就能作为提示让后续讨论更活跃。

通过"动摇式提问"，获取对方的真心话

有时候也会遇到对方重视的部分十分明确的情况。例如，想要动摇重视先例、惯例以及习惯并不肯让步的人之时，可以尝试像下面这样提问。

○问："虽然明白传统十分重要，但是否有必要固守到这个程度呢？"

在先展现认同对方主张的态度之后，再用提问的语气让对方产生不确信之感。"如果只针对××课的话呢""如果某个部分的话""特别设定一段时间这种想法如何呢"，通过反复提出类似的具体问题，可以让对方的立场产生动摇。

"动摇式提问"的诀窍在于，首先表达认同对方

主张的意思之后再进行提问。主动向对方展示出己
方的立场，可以让对方更便于回复，也便于自己确
认对方回复的真实度。

　　此外，比起在很多人面前，一对一的情况下提
出类似的问题，更容易获取对方的真实想法。

2-7 让对方说 "YES"

> "如果这样的话，那就会出现……的情况吧?"

对那些不愿点头的人，与其强硬地逼迫对方，
不如采取慢慢 "威胁" 的方法

适用场景: 难以顺利地说服对方的时候;

不想惹人反感又想获得赞同的时候。

这样提问: "您听说B公司的新产品十分畅销
了吗? 我们继续维持现状的话没问
题吗?"

用提问开启话题，让不擅长口头表达的人也能顺畅交流

当对方不同意你提出的建议或条件时，试图强硬地逼迫对方同意是最低级的谈判方式。

×问："在企划部的时候，我曾经通过将 A 产品升级为环保包装，帮助产品实现了销量提升。根据上次的经验，这次的新产品也准备采用环保包装，您同意这个想法吗？"

新部门的上司："如果要更新包装的话，可能预算上……"

×问："预算方面请无论如何想想办法，我有足够的自信能够成功。您觉得怎么样呢？"

用这样的方式进行说服的人在任何事上都渴望表现自己，认为只要直接展示成功经验就能成功打动对方的心。但这样的请求未免太过直接，可能会

给人一种幼稚的印象，以至于被对方看轻。那么试着像这样提问如何？

○问："在本次发售的新产品这个领域，注重环保性的产品越发受到关注。我们的产品如果不及时升级为环保包装，是否算是不进则退呢？不就被同行拉开差距了吗？"

在陈述自己的理由之后仍然未能获得赞同，就可以用"倒退""被同行拉开差距"等表述提示可能出现的不良后果。也就是**通过展示客观证据强调对方立场的不合理**。

因此，当希望对方能松口赞同你的意见时，与其强硬地逼迫对方，不如用这样"威胁"的方式进行，或许会收到更好的效果。

以提问的形式慢慢地展示能够说服对方的依据

上述那样的"威胁"赞同的方式，其根本目的在于提示可能产生的不良后果，而并非以一种高姿态迫使对方屈服。即便对方并没有马上改变立场，通过不断地重复提示可能出现的具体情况，也能逐渐让对方产生担忧。

〇问：“您知道我们的竞争对手 B 公司此次采用了可循环利用的环保包装这件事吗？”

〇问：“前段时间的圆桌会谈中，社长因为不知道英文单词"ethical"而在业界成了热门话题，对吧？”

〇问：“这在当下的 SNS（社交网络）上立刻就会扩散开来，没关系吗？”

　　剑道比赛的团体战中会分别挑选合适的选手担任先锋、次锋、中坚、副将、大将的角色，先由前四位选手上场各自发挥其作用，到最后关头再派上作为团队中心的大将出场。同理，我们也可以**从多样化的视角出发，严格地筛选出最有力的证据，并在最后关头展示出来。**

这样一来，即使是不擅于给别人施加压力的人也可以迅速应用此方法。也就是说，在提前做好准备的情况下，只需在最后关头以提问的形式假装无意地进行补充即可。

2-8 让对方听进去你的意见

> "这其实是非常重要的事情,(对此,我的
> 意见是⋯⋯)您不觉得是 ×× 吗?"

提示前提之后再提问,能够引导对方进入该
前提

(适用场景):想要改变对方想法,引导对方和自己
站在同一立场并掌握主导权的时候。

(这样提问):"这是一件十分重要的事情⋯⋯"

"就这件事而言,毫无疑问可以称
作⋯⋯"

🧍 用提问让处于戒备状态的对方消除内心的抗拒感

想要向那些比自己身份、地位高的人提出意见，又担心是否太过冒险。当遇到这种情况时，**如果能够巧妙地使用提问的方式，就能有效降低风险**，甚至有可能获得风险以上的高回报。

假设现在公司中出现年轻人离职率居高不下的情况，尤其是入职未满三年的离职者逐年增多，甚至新人中最受期待的员工也提出了辞职。针对这样的情况，你作为公司的中层经理，尝试向重视公司传统规则的上司提出相关的应对措施。

○问："我认为这是一件十分重要的事情，连新人当中备受期待的员工也选择跳槽到创业公司，这说明我们公司不符合年轻一代的价值观。因此，您不认为思考如何防止年轻人离

职这件事，已经成为本公司当下的紧急问题
了吗？"

如果只是提出"不考虑一下如何防止年轻人离
职这件事吗？"这样的疑问，对方可能只会用"搞
不懂最近年轻人的想法"这样的话来岔开话题，或
是以精神论来粗暴地下结论，"归根结底是现在的年
轻人没有耐性"，来逃避这个话题。

但如果事先强调这是十分重要的事情这一前提，
对方听到"十分重要"这个词时，自然而然就会将
注意力集中到你的发言之上。这时再继续提出你的
意见，引导对方进入你的语境之中，也就能够使对
方产生认同感，从而对你最后的提问难以表达否定
意见。

如果能让对方认同前提，那就能够靠提问来说服对方

想要通过提问获得回应的重点在于，用"我认

为……可以这样思考"的句式陈述意见时，分析得是否足够敏锐。"我认为比起一味强调精神论，我认为他们更追求扁平、透明的组织结构""我认为花在填补各年代员工间代沟的沟通上的时间过多，以至于影响了工作的效率和效果，这可以算是（导致年轻员工离职的）最主要原因"。在表达这样尖锐的意见之前，事先铺垫好"这是十分重要的事情"这个前提，能够更便于后续的意见表达。而在这个部分，越是尖锐的意见越是能增强说服力，并且也能够强调自己十分认真地想要直面问题的态度。

事实上，在提问之前事先铺垫好前提是销售沟通中常用的技巧。面对犹豫要不要购入新车的顾客，可以提问："您准备什么时候来提车呢？这款车型的这个色号十分受欢迎，所以生产台数也比较多。"像这样询问顾客的提车时间，事实上就将购买变成了对话的前提，引导顾客在无意识当中就进入了售货员的语境当中。

○问："这其实是非常简单的一件事……"

○问："我想对于 ×× 来说，或许是非常简单的事情……"

○问："之后您一定能明白……"

　　像这样预先说好前提后再提问，比较容易引导对方听进去自己的意见。

2-9 占据对话中的有利地位

"应该重点回答哪方面呢?"

有意识地通过带有选择的反问,让自己便于回答

适用场景: 在必须要给予回复的场景下,希望
能够保持优势地位继续对话的时候;

希望能够向对方自荐的时候。

这样提问: "是需要进行整体性介绍,还是介绍
个别经历呢?"

"您发言的内容是面向年轻人,还是
大众呢?"

用"反问"缩短谈话时间

对话中总会遇到来自对方的提问，但是，对方不一定会问出好问题，有可能太过模糊或让人摸不着头脑。

当遇到难以回答的问题时，可以通过对问题进行具体的提问来应对。首先必须要让对方知道他的提问意图不够清晰这件事，否则对话就无法继续进行下去。如果这时只是直接表达没有弄懂对方提问的意图，希望能够重复一遍问题的话，未免也太过直接，还会让对方不愉快。

○问："应该重点回答哪方面呢？"

像这样提问，既能不破坏对方心情，同时也促使对方意识到自己提问的不周之处。例如，在跳槽别家公司的面试时被问到个人履历的问题，如果能做到像下面这样回答，就能很好地展现自己积极的面貌。

面试官:"能介绍下您的个人履历吗?"

○问:"具体需要回答我的个人履历的哪一部分呢?"

当然,如果自己的经历没有出彩的部分时,就不适合使用这样的方法。但比起单纯按时间顺序来介绍,或许会更容易给人留下好印象。

用提问限定对方的思考范围

"具体需要回答哪个部分呢?"这样的提问,事实上是由自己为对方设定了选项。相反,针对对方的提问,如果希望能由自己来设置选项时,可以采用反问的方式限定对方思考的范围。

合作方:"能否介绍下贵公司的新项目呢?"

○问:"是需要介绍项目开始的契机,还是从项目前景开始介绍比较好呢?"

像这样**自行设定选项,并通过提问的方式占据先机,就能在保持优势地位的同时推进对话。**下面再举几个例子进行说明。

○问：“是需要进行整体性介绍，还是介绍个别经
　　　历呢？”

○问：“是以公司员工的身份，还是以私人身份来
　　　回答呢？”

○问：“正面的还是负面的，讲哪一方面比较好呢？”

　　像这样的反问在有时间限制的时候能够有效缩
短对话。

○问：“是详细地回答，还是简短地回答好呢？”

　　通过类似的提问便于按照自己的节奏来回答问题。

2-10 让对方心情愉快地回答

"A、B、C 三者中，哪个更好呢？"

准备好三选一的选项，让问题变得更明确

适用场景： 不希望让对方因为模糊的询问而感到困扰的时候。

这样提问： "您想吃日本菜、意大利菜，还是泰国菜？"

"写作业、提前准备明天要带的东西或是帮忙做事，你想先干哪一件？"

👤 提升对提问者好感度的良机

想要邀请某人时，如果只是问"这周什么时候想去一起喝酒呢"，就很容易被拒绝。因为这个问题太过笼统了。但如果在询问对方的同时也提供相应的选项，例如，"这周的周四或周五要不要一起去喝酒？"对方就会自然地开始思考是选周四还是周五。这样一来，接受邀请的可能性就大大增加了，包含选择的提问事实上制造了一种让人难以拒绝的氛围。

像这样二选一的问题固然不错，但三选一的问题效果会更好。例如，设想一下约人吃饭，但还没有确定要吃什么的场景。

×问："去哪里吃？"
○问："您想吃日本菜、意大利菜，还是泰国菜？"

"提供选项"事实上也意味着在向对方展示你的**想法**。比起"去哪里""你想要怎样"这样笼统的提问，用带有选择的提问来展示自己的提议，这种方式更有助于推进对话的进行。

比起二选一，三选一的选择范围更广，因此也更便于对方做出选择，接受你的提议。人往往会肯定自己的选择，而当对方赞同你的选择时，在你们中间就产生了一种共鸣。

而如果提供五个乃至六个选项，一方面难以凸显各个选项间的区别，另一方面也让对方觉得复杂。因此提供三个选项最便于对方思考和回答。但需要注意的是，选项中不要包含不合己意或是让自身利益受损的内容。此外，也要换位思考，假设自己是被提问的一方时，是否会产生类似"还有别的选项吗"这样的想法。

三选一的问题在商务场合中也很适用

这样的提问方式在商务场合也同样适用。尝试想象现实中可能出现的下列场景。

　　工作中需要决定各自分工的时候，可以尝试在提问中提示具体的工作内容。

○问："内部说明会的准备、整体日程的管理、涉
　　　外工作，这三项中您想要负责哪一项呢？"

　　在其中放入对对方而言稍有难度的工作，能够提升对方的工作积极性。

　　同样，在日常生活或是育儿当中也是如此。面对还是小学生的孩子可以尝试提供这样的选项。

○问："写作业、提前准备明天要带的东西或是帮
　　　忙做事，你想先干哪一件？"

　　事实上，无论孩子选择哪一件事，对父母而言都能减轻负担，比起直接催促孩子会更有效果。

聪明人都这样提问

第 3 章

通过提问获取信任

3-1 缓解气氛

"昨天大暴雨，您没受影响吧？"

从对方容易回答的问题开始破冰

适用场景：想要与许久未见的工作伙伴碰头、闲聊时，借助开口第一句话让现场气氛变得轻松。

这样提问："您剪头发了吗？"

"最近还依然热爱旅行吗？"

"（在餐厅等地方）您是喜欢××的吧？"

🚹 聚焦于对方的轻松问题是万能的

善于提问的人不仅能给人一种"有能力""找不到漏洞"的印象，还会让人觉得"（和他）聊天很愉快""想要多聊聊"。聊得越多越能建立起良好的人际关系，提升好感度，更加受到周围人的信赖。本章中将会介绍一些能够帮你拥有这种能力的提问技巧。

无论是入学考试还是入职面试，对话大多会从破冰（打破沉默）开始。一般来说，**询问"乘坐什么交通工具来的？""吃过早饭了吗？"等不给人带来太多压力的轻松问题，或是只需要回答是与否的简单问题是习惯性做法。**

对于面试官而言，需要注意的是如何通过提问缓解对方的紧张情绪。要点只有一个，**即提问那些围绕其自身情况展开的问题，以便于对方回答。**

例如，日本某主持人在综艺节目中面对嘉宾问出的第一句话总是"您剪头发了吗？"。仔细想想，这个问题提得实在巧妙。其实，最近大家在涉及形象的问题上都变得十分谨慎。如果询问"您瘦了吗？"，对方并不一定高兴，还有可能被认为是一种外貌主义的表现。但如果询问"是剪头发了吗"，这只是一个基于事实且能为对方提供介绍自己情况的机会的问题。而对于回答者而言，在对自己的细微改变为人所知这件事感到愉快的同时，也借此获得了介绍自己的机会。

👤 老生常谈的提问能让对方放松心情

不过，在面试或者重要的会谈等场合自然是不能用"您剪头发了吗？"这样的提问来破冰，但只要同样留意做到向对方提供便于表达的机会这一点，就能提出恰当的问题破冰。和久未谋面的合作伙伴再会时，以关于日常生活的普通提问开始话题也是可行的。

○问："昨天大暴雨，您没受影响吧？"

○问："快到盂兰盆节了，您准备回老家吗？"

○问："最近还依然热爱旅行吗？"

　　像这样**把视线聚焦在对方身上**，具备通过提问为对方提供便于表达这种情景的意识十分重要。

　　我曾经从某公司的人事管理者那里听到过，如何在片刻间缓解新员工紧张感的方法：将总计五六十人的新员工分成 4 人一组，在纸上写出自己喜欢或讨厌的事物，然后在组内交换分享纸条上的信息。当纸条上的内容和自己的一样时，气氛就会瞬间热烈起来，而如果有让人感到意外的事物出现时，讨论也会变得活跃。"为什么""怎样的地方""什么时候开始"等问题就自然而然地产生了。

　　手头掌握的具体信息就是下一个提问的素材。特别是当眼前有实物存在的时候，提问也会变得更容易。例如，在商务会餐的场合中，针对一些个人喜好、习惯进行提问，就能刺激对方的表达欲，也能让现场严肃的气氛缓和下来。

○问："要给炸鸡块挤点柠檬汁吗？"
○问："这个点缀用的欧芹您吃吗？"

3-2　缓和尴尬的气氛

> **"大家都是 ×× 会的成员吗？"**

向对方展示自己的立场，解除对方的戒备

适用场景： 在宴会或聚餐中不清楚对方是否是
　　　　　　可以搭话的对象时；

　　　　　　身为外部人员感到难以融入对话时。

这样提问： "您几位经常聚在一起吗？"

　　　　　　"您是本次活动的工作人员吗？"

　　　　　　"×× 町的 ×× 是哪位？"

🧍 通过提问缓解无形的压力

某些时候，人会遇到不得不加入陌生团队的情况。就我个人的经验而言，第一次参加的大学联欢会，或某位熟人的获奖宴会都属于这种情况。当然也不是说现场完全没有认识的人，但如果刚好对方在和自己不认识的人热聊时，会感觉刻意插进去会打扰到他们，所以也很难去打招呼。

其实，像这样的聚会当中也会遇到虽然自己完全不认识，但实际上是知名人物的情况。其他人都各自聚集在一起开始了对话，但自己还没找到能够融入的地方，不由得就会产生一种被排除在外的疏离感。这种场合，要如何融入现场氛围是一件让人苦恼的事。但其实在这样的场合中，可以**在交谈的第一句话中明确传达自己作为外来者的身份**，借此**引起对方注意**。

○问："大家都是 ×× 会的成员吗？"

这样的提问中明确地传达了自己作为外来者的身份，大多数情况下，接收到这种信息的人都会放下自己的戒备之心。如果不知道对方是什么人的时候，人们或许会对突然插话的行为感到不安，但一旦明确地察觉到对方尝试融入的姿态，自然就会放下警戒之心。即使是素不相识的人，也可以尝试让他加入对话当中。

善于处理这种场合的人，要么总是面带笑容、天性爽朗，因此无论怎样的场合都能和大家打成一团；要么就是能够将提问作为沟通的武器，消除对方的防备之心。前者虽然也是值得称赞的才能，但一旦身处被动可能就难以发挥作用。因此，后者才是万人适用的好方法。

○问："您几位经常聚在一起吗？"
○问："您一直是本次活动的工作人员吗？"

🧍 能够轻松加入话题的简单提问

在拜访配偶的老家时，有时也会感受到这种被排除在外的疏离感。哪位亲戚找到工作了，哪个发小离婚了，像这样的话题或许对于配偶或其家人而言是有趣的，但对你自己而言却是完全摸不着头脑的内容。如果一直融不进大家的对话当中，烦躁感就会不断累积。

对于老家的人而言，这些都是他们再日常不过的闲聊话题，因此也很难注意到你的烦躁。如果想要改变现状，减少这样的烦躁感，就不要甘于忍受这种疏离感，而是要主动地通过提问展现出一种"我虽然是外人，但也想知道你们的聊天内容"的姿态。

○**问**："××町的亲戚是哪位？"

○**问**："您几位说的那个发小是怎样的人呢？"

○问："经常去的那家超市在什么地方呢？"

如果不能恰当地展现自己作为"外人"的身份，这种尝试很可能会失败。但只要能持续进行朴素、稳妥的提问，想必结果一定不会太糟糕。

3-3 **和再次相遇的人拉近关系**

"您喜欢 ×× 吧？我找到了一个好东西。"

<u>通过具体的提问强调自己还记得上次的对话内容</u>

适用场景：想要在商务场合或是日常生活中被对方所接纳的时候。

这样提问："您儿子就快升学考试了吧？"

"您成功报名东京马拉松了吗？"

用提问拉近再次相遇后的心理距离

人和人在相遇之后，会随着共处时间的增加，逐渐加深对彼此的了解。而在再次见到久违的工作伙伴时，因为之前已经积累了许多关于对方的信息，所以交流也会变得比较顺畅。

例如，当询问"您孩子应该长大不少吧？""是不是就快参加升学考试了？"等问题时，对方如果愿意回答，就会说"已经 3 岁了呢""唉，这个孩子完全不学习，让人很是发愁"。像这样要么是自夸，要么是吐苦水，总之都能比较愉快地进入对话。在"刺激对方的自尊心"一节（2-3）中也曾提到，对话中需要恰当地活用关于对方情况的信息。与人再次见面时的交流，也可以通过这样的技巧让沟通更加顺畅。

而如果想要在重逢时与对方的关系更进一步时，可以提问上次见面时聊到的话题。通过回忆上次聊得投机的话题，并对此进行提问是很好的沟通方法，尤其是针对对方曾主动提起的话题再次提问，或者是重点提问与对方自身情况紧密相关的内容是使用此方法的关键。

○问："之前您说过五月份要去美国考察，情况如何呢？"

○问："您是第三次参加东京马拉松吗？"

越是具体的提问越是受欢迎

无论对谁而言，如果他人能够记住自己无意之间说过的话都是一件值得高兴的事，也会因此更加信任对方。通过加入时间、次数、地名、专有名词等具体的信息，就能给对方提供更合适的表达场景。

除此之外，更理想的方式是追加更多关于上次对话中提及内容的相关信息。

○问："您喜欢 ×× 吧？我找到了一个好东西。"

○问："上次您说过想要学习 ×× 吧？最近我偶然

认识了精通这个的人，下次介绍给您如何？"

为了能在再会时像上文一样提出建议，在牢记对方所说的内容之上还需要随时留意掌握相关的信息。当然花费时间精力有意识地去探寻这些信息也是十分必要的。如果顺利的话，就能**将日常生活中常常遇到的"再会"的情景转变为加深自己在他人眼中印象的良机**。

即使因为上次见面时搞砸了事情，感觉对方可能对自己印象不佳，也不要畏惧尝试提问。

记忆这个东西是十分模糊的，记住失败的或许只有你自己，而对方可能早就忘记了。因此，如果先为上次给对方添麻烦的事道歉，反而会勾起对方不好的回忆，这对你并没有什么好处。不如尝试本节所介绍的提问方式，让对方心情愉快地进入和你的沟通交流当中。

因此，提问可以左右你是否能给对方留下美好的印象。

3-4 克服不记得对方信息的境况

> "您家最大的孩子和我家长子好像是同一个
> 年级的吧?"

将可靠的信息作为比较对象,从对方那里获取
回答

(适用场景:) 不擅长记住别人的脸、名字和身份,
但当下也不便再打听的时候。

(这样提问:) "×× 先生是和 ×× 同一年进入公
司的吗?"

"您的姓名是什么? 不是姓氏,是姓
氏之后的名字。"

通过复习为下次的交流做准备

在上节中，我曾提到和再次见面的人拉近距离的提问方法，实际上并不是我自己实践的方法，而是根据我从别人那里收到的让我印象深刻或惊讶的提问进行调整改进的。

有一件让我觉得难以说出口的事，其实我非常不善于记住别人的脸或名字，这让我倍感困扰。因为无法将脸和人名对上号，所以即使是在工作中曾见过一次的人跟我打招呼，我也记不起曾经和这个人进行过怎样的对话了。

我曾经遇到过一位让我从心底感到震惊的人。相比于我这种没法说出"我们曾在 ×× 会上见过吧"的人，他不仅能够记住 10 年前遇到过的人，还能够重新提起当时聊过的话题。这真的让我震惊不已。或许跟我有着同样烦恼的人也不在少数吧？

对我而言，最为困扰的就是记不住亲戚的脸和名字这件事，特别是在见到表亲的孩子们时更是感到不安。我时不时会回到老家大分县，但他们的脸、名字、年级、职业等信息在我的大脑里却总是模糊不清。迄今为止，我也曾不止一次向亲戚们询问相关信息，但想必对方已经对我的记忆力感到很无奈了。每次见面之后，大家对我的评价也会越来越低。但是每次表亲们会清楚地记得我家孙子是否已经上托儿班等情况。或许在别人看来是非常理所应当的事情，但我对自己的记忆没有自信，因此也就没法像他们一样提出问题。

即使是随便问，也要把答案记下来

对于那些无法准确把握彼此关系的熟人，即使想要针对其个人进行提问，在没能掌握对方信息的情况下应该怎么办呢？比如，我想向表亲们询问关于他们孩子的情况时可以尝试下文这样的提问。

○问："您家最大的孩子和我家的长子好像是同一
　　　个年级的吧？"

　　**把已经掌握的确切信息当作比较的对象，以此
从对方那里获取回复。**虽然难免会有一些瞎猜的风
险，至少能够回避因为什么都不能记得而让对方感
到无奈的情况。

　　但是，这样的提问无法获知对方孩子的姓名。
日本昭和年代的大政治家田中角荣在忘记对方姓名
时，会问对方"您叫什么？"如果对方回答"我叫
佐藤"，那么他就会佯装生气，"哎，我问的是名字，
不是姓氏。"这个技巧在商务场合倒是很实用，但在
和亲戚的交往中却不大适用。在这种时候，就有必
要下决心再问一次。不过比起直接问"他叫什么名
字"，不如询问"他的名字是怎么写来着"，我可能
会更愿意在提问的方式上下功夫。对我而言，这些
回答还是很快就会被忘掉，所以会尝试用手机记下
来，在参加红白喜事或是回老家之前提前再确认一

下，以便改善这个问题。

前文中讲述了可以通过"预习"来帮助提出适当的问题，获取答案。事实上，"复习"也是十分必要的。通过"复习"来养成学习的好习惯，为下次的顺畅沟通做好准备。

如果出现了对方公司的人事变动后，想不起调动到其他部门的那个人的名字，或者是遇到别人向自己打招呼却想不起对方名字等情况后，养成调查的习惯。可以在谈论工作时顺便找到相关部门中的熟人询问，或者是找到那些信息灵通的人打听都可以，总之需要掌握到正确的信息。如果能够通过自己的努力调查到相关信息的话，会更容易在记忆中留下深刻印象。即使这次见面时没能恰当地应对，只要能在下次碰面的时候，通过问出直击中心的问题来挽回，也还是有机会能够获得对方信任的。

3-5　拉近距离

"正如您所说，保持乐观确实非常重要，对吧？"

将对方偏好的词汇融入到提问之中

（适用场景：）想要进一步了解对方的时候；

想要和不擅长沟通的人顺畅地沟通的时候。

（这样提问：）"确实如此，在当下，性别平等的确是需要优先留意的要点！哪些行业比较重视性别平等呢？"

🧍 尝试通过关键词提问达成共识

有时候，对话中偶然出现的话题能让讨论瞬间变得热烈。例如，当想要尝试副业的人遇到了刚开始从事副业的人时，就会更积极地参与到对话之中。同样，对独自露营这件事感兴趣的人如果遇到有五年独自露营经验的人时，一定会忍不住想要向对方请教吧？

在交流时，说话的人会在无意间流露出平时的想法，或是个人的兴趣和爱好等相关的信息。人的话语中既能表露出自身的想法，也能透露其兴趣和喜好。因此，**只要有意识地留意对方话语中频繁出现的关键词，就能找到并提出能拉近双方距离的好问题。**

例如，面对经常使用"乐观"这个词的人，可以**尝试保留对方所使用的"乐观"这个词的意思，**

并放入自己的提问中。

> **对方**："这次虽然失败了，但我觉得越是这样的时候越应该保持乐观。"
>
> **○问**："正如您所说，保持乐观确实非常重要，对吧？下次一定能很顺利吧？"

像这样在接收对方话语中的关键词的基础上提问，尝试和对方达成一致的认知，有助于让对方敞开心扉。

在提问中实践对话的"镜像效应"

和抱有好感的人在一起时，人会无意识地模仿对方的举动，例如，抱胳膊、颔首等。越是合拍的人，他们的习惯性动作也就越相似。或许很多人都曾听说过，在心理学里将这种现象称为"镜像效应"。想要拉近和不擅长沟通的那类人的关系时，可以利用这种心理学效应，通过尝试模仿对方的举动来改善关系。

　　除了模仿对方的动作之外，在语言上也可以尝试有意识地将对方常用的词融入到提问当中，在沟通交流中实践对话的"镜像效应。"

对方："真是不想在不重视性别平等的行业里工作。"
○问："确实如此，在当下，性别平等的确是需要
　　　优先留意的要点！哪些行业比较重视性别平
　　　等呢？"

　　如果自己很少在日常对话中使用"性别平等"这个词，那或许会对此稍感不适。但越是这样日常中较少使用的词汇，越不应该忽视，而是应该牢牢抓住。因为，这些让你感觉到彼此的价值观存在差异的词汇，正是能够加深你们交流程度的契机。

　　对方经常使用的词汇中其实就已经透露了这一时期他最关心的事情，暗含了对方的所思所想以及想要表达的内容。如果能留意到这些词汇并予以回

应，也就更容易与对方建立起信赖关系。

也就是说，**像这样针对关键词的提问，对于想要加深对对方的了解时非常有用。**如果能够灵活地使用关键词推进对话，对方就会在感到认同的同时越发表现出表达欲望。这时，通过不断提问予以刺激，对方就会更多地展现自我。

沟通交流的过程中如果出现话题偏移主题，或者话题正转向对方不感兴趣的方向时，**通过再次提示关键词也能起到修正轨道的作用。**

3-6 给对方更多发表意见的空间

"大谷翔平通过调整球棒的长度获得了
很好的成绩，工作中也应该像他这样
相信自己的选择，坚持下去吧？"

用对方感兴趣的领域的名人名言进行类比

适用场景：想要表示对对方意见、想法的赞同
并进一步引出对方观点时。

这样提问："就像藤井聪太所说的'一喜一忧也
于事无益'那样，要在工作中保持
平常心，对吧？"

🕴 站在对方的立场上，通过提问的角度来表达共鸣

当我们希望对方能够更多表达其想法时，对方的发言却变少了。这时，改变提问的角度就变得十分重要了。虽然也有喜欢聆听别人想法胜于表达自我的人存在，但是否能引发对方的表达欲，更多也取决于你的提问角度。

想要刺激对方更多地表达意见，最好的方法就是展开关于对方感兴趣领域的话题。例如，和喜欢棒球的人讨论工作的时候，如果希望能和对方进行更深入地讨论，可以尝试从各种各样的角度将话题和棒球关联起来。

举个例子来说，当你们谈论到"对于集体而言最重要的其实还是在于人"这个议题的时候，可以提到具体的人名，"如果能有像大谷翔平选手那样的

下属就太好了。"当举出大谷翔平这样受到全国关注的明星选手为例时，无论对方是不是棒球热爱者，都能比较容易产生共鸣。

那么，要怎么样把这样的内容融进问题当中去呢？

对方： "相信自己的选择，在取得成果之前一直坚持下去。"

○问： "就像大谷翔平选手把自己的球棒长度调整了之后，坚持训练了三个月终于找到手感那样，对吧？"

大谷翔平曾经通过改变自己球棒的长度来提升自己本垒打的飞行距离。但是在试验初期，这种做法虽然提升了本垒打的节奏，但只能击中变化球而无法应对高速的直球。因此在遇到位置偏高的直球时，击球效果反而变差。即使如此，他还是没有放弃调整，继续坚持练习，最终更新了最佳成绩纪录。

如上所述，**我们可以通过引用对方所爱好的领域中的明星或者名人的名言、逸事进行类比，向对方进行意思确认**。即使是关于工作的沟通中，也可以不使用过于商业性的比喻，借用对方喜爱或擅长的领域中的事情进行类比。这样一来，对方也会因为感到和你有共鸣而不由得对你产生更多的信赖。

引用名言的提问能让话题讨论变得更热烈

当对方苦恼于工作或思考陷入僵局的时候，可以尝试这样开解对方。

○问："球棒长度加长 1 英寸（2.54 厘米）之后的大谷翔平，在完全找到手感之前也苦熬了三个月。我们也像他那样踏踏实实地继续努力下去试试吧？"

如上所示，用大谷翔平的事例进行类比，将其作为提高己方士气的燃料。事实上，运动或胜负之事都比较容易作为类比的素材。

想必很多人都曾听过已经去世的野村克也教练的口头禅："有意外的胜利，但没有意外的失败。"意思是失败的时候，肯定有导致失败的原因存在。不断刷新最年少纪录的将棋选手藤井聪太也曾说过，"只要还在继续下棋，就一定会有输赢。无需因结果而过分欢喜或忧愁。"当然，除了上述人物，像乔布斯、爱因斯坦等人留下的名言也可以引用。**记住那些一流人物的名言，并在表达赞同对方想法或意见的提问中使用，既能够抓住对方想表达的重点，又能让对话活跃起来。**

3-7 不露棱角地发表意见

> "真像 ×× 先生的风格呢。那么关于 ××，
> 您有何建议？"

用"真像 ×× 先生的风格呢。"作为开头，传达百分之百的肯定之后再提问

(适用场景：)想要和对方保持良好关系的同时，表达出自己的意见时。

(这样提问：)"不愧是年轻人，给出了非常直率的意见。那么……"

"的确是非常适合于这个场合的意见。那么……"

⼈ 做好铺垫之后再提问

既想要全面肯定对方的意见和想法，又希望能表达出自己的意见，这种时候需要怎样做才能让沟通顺利进行呢？

或许例子有些特殊，但接下来我想借处理投诉电话的场景来说明。处理投诉的目的在于让矛盾不再进一步扩大，消除隐患。大部分情况下，投诉方会变得十分情绪化，因此处理投诉的一方需要让对方充分发泄情绪的同时，仔细倾听对方投诉的内容，冷静地进行事实确认。因此，在处理投诉的时候，能够恰当地进行提问是不可或缺的部分。

然而比起提问的内容和提问时机的好坏，更重要的是用一句"非常感谢您提出的宝贵意见"，来展示**接纳对方提出的问题并对此表示感同身受的姿态**。如果没有这个缓冲在前，那么对方的情绪就会变得更激动，完全听不进去你的问题。

　　作为处理投诉的一方，或许会有自己的担心之处或是抱着不愿意让事态进一步恶化的心情，但事实上，先表现出全面肯定对方指出的问题这一态度，才是快速处理好问题的最好方式。

　　在处理投诉的过程中经常能用到的"非常感谢您提出的宝贵意见"这句带有缓冲效果的话，不仅适用于有矛盾或是意见对立的场景中，事实上在各种各样的日常情景下使用，也能够让沟通更加顺畅。

○问："真像××先生的风格呢。除此之外，您还有其他的发现吗？"

　　像这样使用"真像××先生的风格呢"作为铺垫，传达对对方意见的肯定之意，可以在接纳对方意见的同时，婉转地用提问的形式表达希望能听到对方更多想法或者借此陈述自己的意见。

在夸赞"真像你的风格""很合适"之后再提出温和的问题或建议

需要注意的是，要让对方明白"真像你的风格"不是明褒暗贬的意思。要做到这一点，就需要留意表示肯定之后的提问不要太过尖锐。例如：

○问："不愧是年轻人，给出了非常直率的意见。那么，对于××的情况您有何建议？"

除了"真像你的风格"之外，还可以使用"很合适"等语句来表达肯定对方之意。

○问："的确是非常适合于这个场合的意见，那么……"

○问："就时机而言，的确是非常合适的意见，那么……"

类似的表达在很多场合都可以使用。但是"很

合适"这个词虽然能够表示肯定对方的意思，有时
也会给人一种评头论足的感觉。因此，可以具体说
出自己感觉什么地方很合适来避免产生误解。

　　提问既是一种直接获取信息的方式，也可以变
成让对方产生动摇，显露出真实想法的武器，**还是
一种在对话中赢得信任，到达更加理想的终点位置
的指示牌**。此外，还需要牢记的是，在问题的前后
部分下功夫，能够更好地促使对方表达更多想法。

聪明人都这样提问

第 4 章

通过提问化
危机为机遇

4-1 打破胶着状态

"我可以换个角度问你一个问题吗？"

通过提问让对话脱离平行线状态

适用场景：商谈陷入僵局，沉默时间变多的时候；

场面陷入尴尬的时候。

这样提问："顺便问一下，负责销售的人会怎么想？"

"说起来，您家孙子最近还好吗？"

提供俯瞰视角的提问

　　日常生活中的任意场面都有可能会出现以下这种情况：在必须要达成一致的时候却因为意见的分歧而难以继续进行对话。此时，乍看上去仿佛正处于危机之中，但通过巧妙的提问就能化危机为机遇。

　　假设，某玩具公司的制造部门与销售部门正围绕某种即将发售的人物模型的价格设定问题进行讨论。制造部门希望能将价格定为 370 元，但销售部门的期望定价却是 280 元。如果定价是 280 元，为了控制成本就不得不大幅降低原材料的品质，这一点对于制造部门来说是难以接受的。然而，销售部门更多考虑的是通过定较为实惠的价格来帮助产品在行业内激烈的价格战中取得优势。当遇到像这样双方都不愿让步的情况时，可以尝试用如下的提问来打破这样的胶着状态。

〇问："说起来，您儿子几岁了？"

　　像这样，**尽量从远离讨论议题的内容开始提问，借此来切换话题**。对方或许会因为你的提问而感到诧异，但这却正是提问的目的所在。接下来，可以继续进行提问。

〇问："其实玩具这种东西，为了孩子健康考虑，安全性上必须得有保障。如果为了定更低廉的价格而不得不降低原材料的质量，那就很难避免材料中混入危险成分的情况。如果无法保证玩具的安全性，或许会影响您家孩子的未来成长吧？"

　　大家是否还记得我曾在关于"三段式提问法"的那一部分（1-5）提到过类似的处理方法。通过"××本来应当是××吧？但是现状并非如此？因此，我认为××。"的句式让对方察觉到现状已经偏离了理想状态。**在脱离会议内容、诉诸对方情感之后**，再像示例中那样有理有据地表达观点，就更容易说服对方。当然这样的提问建立在已经在一定程度上掌握了对方信息的情况下。通过这样的提问让对方的注意力从眼前的问题上短暂移开，再重新以一种俯瞰式的视角来审视问题。

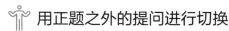 **用正题之外的提问进行切换**

在刑侦电视剧的讯问场景中有时会出现这样的一幕：原本威风凛凛、令人生畏的警察突然用柔和的语气询问对方的母亲是否安好。带着这样刑侦剧中警察劝诫犯人招供的感觉，**尝试寻找远离正题的问题点，以此来打破胶着状态。**

〇问："我可以换个角度问你一个问题吗？"

像这样事先用一句话进行铺垫，能更加鲜明地展现话题切换的意图。

日常生活中，如果因为休息日的安排和伴侣发生争执，两人间的气氛变得紧张时，使用类似的提问也能有效打破僵局。如果这时追问对方为什么变得沉默，就好像带着责备的语气一样，反而会让双方的对话陷入平行状态。

○问："说起来，去年的生日派对是法式菜，对吧？今年你打算怎么过？"

　　如果像这样**将话题切换到更积极的内容上去**，或许就能消除因为休息日安排的分歧而带来的矛盾，更容易打开继续对话的开关。

4-2　让停滞的对话加速

> "如果是您住在 ×× 的话，遇到这种情况
> 您会怎么想呢？"

通过提示具体的场景，尝试像进行角色扮演游
戏那样提问，借此引出对方的想法

（适用场景：）想要知道那些在会议或头脑风暴中
　　　　　　难以表达自己意见的人的想法时。

（这样提问：）"如果您是刚进入公司一年左右的员
　　　　　　工，您会赞同这个企划案吗？"

🧍 用提问引出脑海中的想法

在讨论新企划案的会议或是团队内的头脑风暴中，总有一些人难以积极地表达自己的意见。即使他们头脑中有着自己的创意或想法，但却难以找到开口表达的机会。这样的人或许是不知道应该怎样去展现自己，或者对此缺乏自信。作为团队的领导者，如果想要让这样的人发言，可以像下面这个例子一样进行提问。

△问："×× 先生，您对于刚才提到的这件事有什么意见吗？"

　答："我赞同刚才 ×× 先生的意见。"

△问："我想，负责这个工作的 ×× 先生对此也有自己的想法吧？"

　答："是啊……"

当对方像这样含糊其辞的时候，总会有人伸出援手让对话得以继续。不过，这样一来也就失去了了解 ×× 本人想法或是让 ×× 本人进行深入思考的机会，现场的气氛也可能会因此变得更沉默。

面对这样的情况也有其解决方法。

当我在教授考生小论文的写作方法或是指导小学生写作文时，问那些不擅长表达自己的想法或是无法写出一定长度的文章的学生，"如果换作是你，你会怎么做？"，试着让他们假定自己处于某种立场之后再继续写作。

例如，写作关于"格差社会"问题的小论文时，我会尝试通过提问引导学生具体地想象，如果是自己遇到找不到工作，又没有积蓄，完全没有余力去考虑婚姻问题等状况时会是怎样的心情，又会产生怎样的想法。

而在指导小学生写作文时，则会通过设定具体场景进行提问，"假设你在路边见到了魔法宝箱，当打开它时，会出现什么样的东西呢？"以此帮助学生进入虚构的世界，自由地展开想象。这时，学生可能会回答"里面放着点心""里面有一根银色的小鸟羽毛"等充满想象的五花八门的内容。

🧍 会议的气氛低沉时，可以通过"假设的问题"活跃气氛

遇到对方被问到"你的意见如何""你怎么看"却不知道如何回答的情况时，也可以通过假定立场或情景之后提出问题，以帮助对方更好地回答。也就是说，可以在商业会议或头脑风暴时，尝试将其想象成一场正在进行的角色扮演游戏。

○问："如果您是刚进入公司一年左右的员工，您会赞同这个企划案吗？"

○问："假设您已经定居美国了，遇到这样的情况您会怎么想呢？"

像这样的提问，可以**让对方借助虚拟的身份而**

非处于真实的立场回答，更容易说出自己的意见，也能稍许减轻其因为担心自己的意见是否太过苍白而产生的不安情绪。

另外，即使头脑中还没有整理好想法，只要通过假设情景，就可以让大家当场自由地构思。而这也能提高得到好答案的可能性。

像这样，通过假定的提问，让对方能够跟上你的节奏。即使是那些从前难以自在地表达自己想法的人的发言率也会得以提高，并在会议当中展现出更加积极的姿态。这就像点燃了对方的引擎一般，帮助其能够更好地整理想法并主动表达，由此提升双方的沟通效率。

4-3 消解对话中的"不完全燃烧"

"我想确认一件事，这指的是 ×× 的意思吧？"

限定"一个"问题并借此进行深入挖掘

（适用场景：）想要尽量避免意见对立的时候；

想要更深入仔细地了解对方的想法

和信息的时候。

（这样提问：）"能告诉我一件事吗？"

"我可以提一个方案吗？"

164

用"我有一个问题……"来提问的好处

当处于难以表达反对意见的立场或状况时，如果能掌握恰当的表达技巧就能避免因为没能发言而感到后悔的情况发生。

或许你曾看过《相棒》这部高人气电视剧吧？剧情主要围绕水谷丰饰演的主角——警视厅特命系的杉下右京及其伙伴展开，讲述了杉下右京运用其高超的推理技巧侦破各种疑难案件的故事。

每次杉下右京和犯罪嫌疑人进行当面对质时，总会有这样一幕经典场景，在离开之前，杉下右京伸出一个手指说：**"那么，请让我再问最后一个问题。"**

趁嫌疑人抱着"终于能回去了""总算没有说漏嘴"的想法，不自觉地放松了警惕时，杉下右京用"最后一个问题"继续追问，封堵对方的逃避之路。

假设遇到了如下这样让你疑惑的场景：对方最初表示 100 万个销售量的目标期限是"本周期内"，但随着对话的展开这个期限却变成了"今年内"。在已经察觉到对方发言存在前后不一致的情况时，无论是谁都很难在当场就做出承诺。在此种情况下，可以在听完对方的发言后尝试这样提问。

○问："我想确认一件事，您刚才所说的是本周期内的目标吗？"

通过限定为"一个"，可以让对方在毫无防备的情况下听进去你的提问内容。**让对方感觉这"不过只是一个顺便的确认性问题"，同时也能消除自身的疑问。**

用"顺便问一个问题"的句式进行多次提问

尽管已经认真听完了对方的意见，但从内心无法表示赞同。在这样的时候，可以在表示"我想确认一件事……"之后，继续提问。

○问："那么，您能再告诉我一件事吗？"

○问："顺便再问一个问题，好吗？"

○问："最后还有一个问题……"

如上，可以尝试像杉下右京那样以请求的方式连续提问。当然提问的时机不一定要等到对方说完，可以选择在中途就插入，如："我想确认一件事，可以吗？""可以再告诉我一件事吗？"

如果过于强硬地主张自己的想法，否定对方的意见，就容易产生矛盾。而那些无法保持强势态度的人，则总是难以在重要会谈中完全表达自身的想法。越是遇到这样的情况，就越应该发挥提问的作用。

如上所示，**提问能够拉平与对方的立场差异**。只要掌握恰当的提问方式和时机，就能在瞬间扭转对自己不利的局面。

4-4 不要屈服于无理的要求

> "完成这件事必须要 ×× 前辈一起配合才行，没问题吧？"

<u>面对刁难或无理的要求，可以通过抓住对方的漏洞来对抗</u>

适用场景： 面对必须回复"能不能做到"的问题时；

想要拒绝时。

这样提问： "这样的话就会欠销售部一个人情，没问题吗？"

"如果这样的话，就必须得放弃 ×× 了，没问题吗？"

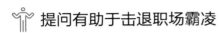 提问有助于击退职场霸凌

你是否有过后悔于屈从对方无理要求的经历呢？被对方的气势压倒，无法做出反驳，只能暗自生气。想必谁都有过类似的经历。

快下班的时候，收到了来自上司的无理要求，虽然理应服从上司的指示，但对于这是今天必须完成的工作，还是出于上司的一时兴起而感到疑惑。在这种时候，后续的安排其实取决于你的回应方式。提问则有助于处理这样的紧急情况。

首先，需要仔细确认上司安排的工作到底是怎样的内容，并在此基础上尝试抓住漏洞。

○问："这项工作一直是在 ×× 前辈的指导下进行的，如果要处理的话也需要前辈的帮助，您已经向他确认过了吗？"

○问："如果继续加班的话就会超过这个月的加班

时长上限了，那么就要面对人事处的检查，没问题吗？"

先抓住对方的漏洞，再询问"要怎么办""没问题吗"等问题。这是进行回应的诀窍所在。如果对方并未对此进行深思，只是在一时兴起的情况下提出了无理的要求，那只要抓住对方话语中的漏洞就可以让其动摇。

因此，在回答"能不能"之前，先像这样提问，就有很大可能找到"活路"。

如果对方态度仍然没有变化，也可以通过不断追问"为什么是我""为什么是今天""××部长知道这件事吗"，来扰乱对方，并同时收集信息，为下一步的交涉争取时间。这样一来，对方指示的内容或许会减少或变化，甚至最终可能取消。

通过提问暗示对方可能出现的糟糕结果

如果指示或命令并非是来自上司，自己的立场可以表现得更加强硬的时候，可以采用下面的做法：向对方强调，如果想要达成这样无理的要求，就必须先获得来自对方或自己的对手的协助。

○问："如果想要勉强接受这个条件的话，除了借助我们的竞争对手——××的力量之外别无他法，即使这样也没问题吗？"

○问："这样的话就会欠销售部一个人情，没问题吗？"

如果是在个人关系上受到刁难的时候，可以抓住对方的弱点，展现出对抗的姿态。

○问："这样的话，我先尝试跟 ×× 商量一下，这件事传出去也没有问题吧？"

○问："如果这样的话，就必须得放弃 ×× 了，没问题吗？"

想要拒绝对方的无理要求时，也可以采用哭诉的方式。但是如果能牢记**"提问是一种能够拯救沟通危机的武器"**这一点，就能在陷入困境时进行反击。

4-5 顺利地达成请求

> "我们计划在本月内进行下一次会谈,
> 您是否有空呢?"

难以启齿的请求可以采用"意见 + 提问词结尾"
的提问方式缓和语气

适用场景: 无论如何必须实现期望但又稍觉为
难的时候。

这样提问: "我想……这有可能吗?"

"我想……您方便指导一下后辈吗?"

🧍 升级固定表达

当遇到无法按时交货这种紧急事态时，如果只是在邮件中请求宽限三天，或许会给人一种推卸责任的感觉，也会让人觉得你对于无法守约这件事毫无愧疚。由此让对方产生不快，甚至对方可能会因此更强硬地表现出如果不能按时交货，后续会有很大麻烦的态度。不过比起这些，最严重的后果是完全失去对方的信任。

但是，如果比较礼貌地请求对方宽限三天时间，就能避免仅仅因为一句话就失去对方信任的危机，也可能会让对方产生"这次就放你一马"的想法。

在日常工作中，应该使用严谨的商务用语进行交流。这些委婉表达或谦辞或许在学生时代不曾听过，也不曾使用过，但如果熟练地应用在工作中，就能更加顺利地开展工作。

当遇到需要向对方说出难以启齿的请求时，也可以**用提问的形式升级商务用的固定表达来渡过难关**。例如，可以设想需要向日程繁忙的人确认面谈时间的场景。

△问："想厚着脸皮请您再跟我们进行一次面谈，
　　　可以吗？"

○问："我们计划在本月内进行下一次会谈，您是
　　　否有空呢？"

如上，**先直接表达自己的想法**，以此代替"厚着脸皮请求"这样的谦辞，**再用具体的提问来结尾**。像这样"**意见 + 提问词结尾**"的提问方式，更能委婉地传达自己的要求。

想让转换计划方向的请求被通过时，也可以采用这样先陈述意见再提问的方式表达。

△问："突然提出这种请求，十分抱歉，但是您

能否允许我重新设定一下对象用户的年
龄呢？"

○问："现在我考虑将企划的对象用户变更为 20 多
岁，应该没问题吧？"

越是难以开口的请求，就越容易习惯性地使用
"厚着脸皮请求……""非常惶恐……"这样的套话。
为了避免招致临门一脚失败的结果，可以牢记采用
"意见＋提问词结尾"的方式进行表达，让自己的请
求更顺畅地通过。

确认模糊的约定事项时也可以采取以上提问方式

如果能够适当调整"意见＋提问词结尾"的提
问方式，也可以**将其用于忘记约定的内容，又不方
便再次询问的场合**。例如，忘记了工作的具体时间，
或是不确定自己是否真正被邀请参加某个演讲或讲
座等时候，可以像下文这样提问。

○问："我已经知道了××的约定,（非常期待）,
但我能再确认一下详细情况吗?"

有时候,这反而会让对方反省出现的问题是否源于自身的失误。

4-6　应对对方突然的坏心情

> "您有什么担心的地方吗？"

确认导致气氛沉重的原因，并尝试进行调整

(适用场景：) 对方突然表情不悦或是陷入沉默的时候；

应对上级的场面中不容失误的时候。

(这样提问：) "是我的表述太着急了吗？"

"是我说了什么让您感到不快的话了吗？"

☝ 用提问直接确认对方不高兴的原因

交流中总会出现各种各样的麻烦，但最让人感到棘手的要数惹怒对方这件事了。尤其是因为自己的失言让对方不快时，难免会产生想要逃避的心情。

在这种时候，立刻诚恳地道歉是最好的处理方法。"是我用词不当，应该像说××。""实在是不好意思，我记错了贵公司社长的经历。"

如果道歉也没能让对方心情变好，那就只能尝试重启话题。不过大部分情况下，这类问题都能当场得以解决。

但是如果遇到刚才还聊得火热的人突然变得沉默，或是不愿再与自己对视的情况时，应该怎么办呢？即使自己努力地思考让对方变得不快的原因但却毫无头绪，空气也变得越来越沉重的时候，可以**尝试询问对方："我感觉您的态度突然变了，但我不**

明白为什么，能告诉我原因吗？"

〇问："您有什么担心的地方吗？"

像这样，**当对方被问到这个问题的时候，也就不得不做出回答。**如果不高兴的原因是你刚才说了"这个商品的主要购买对象是 30 岁左右的大叔这句话"。而对方正好是 30 岁左右的人，所以感到很生气，但作为成年人又不好意思说出来。与其说是生气，不如说是沮丧地意识到，"原来如此，我在 20 岁的年轻人看来已经是大叔的年纪了呢！"

像这种情况，可能得到"不，我在想其他的事情"这样违心的回答；也可能假装手机里突然收到紧急通知的信息，让这件事好像没发生过；或者假装突然肚子痛。

👤 对方也可以在回答的过程中重新冷静下来

无论如何，通过提问让对方尽量能说出感到不快的原因，如果是说不出口的小事，对方也可以找理由敷衍过去。

如果是真的生气了，也可以通过回答问题的间隙切换心情，重新冷静下来。无论是因为什么变得不快，要通过引导对方说出原因或者做出反应来获得信息，并在此基础上思考可能的应对方法。

○问："我感觉您好像有话要说，可以告诉我吗？"

○问："是我说了什么让您感到不快的话了吗？"

○问："是我的表述太着急了吗？"

○问："是不是我有什么做得不好的地方？"

○问："是我有什么表达不恰当的地方让您感到不适了吗？"

像这样储备多种提问句式，可以帮助你调节气氛，随机应变地处理各种突发情况。

4-7 对方的话太冗长

> "如果是 2 小时的电视剧的话，这个故事
> 现在是 10 分 20 秒左右？"

提前记住假装开玩笑式的提问和商务式的提问

适用场景：虽然没有恶意，但说话内容太过冗
长，让人难以把握主旨的时候。

这样提问："结论是什么？"

"恕我太愚钝，您刚才是在对 ××
进行解释吗？"

📍 当对方发言太久的时候，可以用提问打断

沟通中有时候会遇到对方的话太过冗长的情况。原本那些喜欢事无巨细地描述、评论事件的人的发言往往很有深意，需要仔细琢磨。但这样的长篇大论大多很难收尾。如果是在面对面的交流中遇到这样不知道何时才能结束的对话，那可以算得上是个"紧急情况"了。

当对方正在高谈阔论的时候，勉强插话反而会让对方产生自己的表述还不够仔细的错觉，继而会更详细地讲述。

如果对方是一位喜爱古典音乐的朋友，我会尝试这样提问：

○问："现在以奏鸣曲的形式来说，您进行到第几部了？"

奏鸣曲是由序奏、呈示部、展开部、再现部和结尾部组成的乐曲形式，如果对方回答现在还是序奏呢，那就可以尝试用开玩笑的语气表达不满，"也就是说后面还很漫长，对吗？"通过这样带有玩笑语气的提问就能转变让自己感到不适的现状。

接下来，举一个听了对方的长篇大论却抓不住其主旨的例子。

○问："如果是2小时的电视剧的话，这个故事现在是10分20秒左右？"

○问："欸？刚才您说什么？"

但是要注意这样的提问方式只适用于比较亲密的关系，而不适合在和工作伙伴的交流中使用。在商务场合，可以尝试使用下面举的例子进行提问，效果会更好。

○问："结论是什么？"

○问："恕我太愚钝，您刚才是在对 × × 进行解释吗？"

　　这样的提问暗含着**"我不知道您想表达的内容是什么，如果能先说结论的话或许我能更好地理解"的语意**。进行这样的提问时，最重要的是向对方展示出没能理解的原因在于自己的能力差。

通过提问的方式也可以打乱对方的说话节奏

　　那些说话冗长的人大多都不会考虑对方的立场，只顾着自己滔滔不绝地表达。其实越是没有恶意的人，越是会觉得对方很高兴听自己说话。因此如果一旦你停止附和或是把视线转向别处，这样的人就会失去说话的兴致，开始注意自己的说话方式。

　　如果在对方说话时，使用表达异议的提问技巧（1-10）就能将自己的不满或负面情绪传达给对方。此外，还可以通过带着着急情绪的快速提问打乱对方的节奏，让他疲于回答问题，从而减少说话的欲望。

仔细倾听对方说话是做人的基本礼仪，但如果态度过好，就可能会在和人交流的时候吃亏。因此**希望你能记住，日常会话中细微的压力也可以通过提问来消除。**

4-8 面对滔滔不绝的自夸

> "这样宝贵的经验下次再请您分享，现在可以先请您总结一下本次的议题吗？"

展现你的控场力，抓住切换话题的时机

适用场景：对方不停地自夸或是说教，无法进入重要的议题时。

这样提问："时间很紧张了，能进入下一个议题吗？"

"真是怎么都听不够的内容，但或许我们可以先进入下一个部分？"

"啊，要再加点咖啡吗？"

对滔滔不绝自夸的人感到困扰

一般来说，太过冗长的话大都是在自满、自夸。就我个人的经验而言，最让人难以忍受的就是来自上级的滔滔不绝的自夸。不仅时间长，麻烦的是有时这样的自夸还会转变为对他人的说教。

我曾听说过这样一件事：某公司的一位领导在公司对下属进行了长达两三个小时的说教之后，把人带回了家继续说教。并且，当天还让下属住在自己家里，第二天起床后继续进行说教。

当然，这是在"权力骚扰"这个词还未被社会大众广泛认知的时代发生的事情。但这确实也完全能称作是一种"权力骚扰"。不过从现实角度来说，是否真的能持续这样长时间的说教呢？想必在说教的过程中，主题早已变成了滔滔不绝的自夸了吧？

也就是说，自夸和说教其实是同一件事情。无论从哪方面开始，说到最后都会涉及两方面的内容。其本质都是借由让对方老老实实听自己说话这件事，使自己获得满足感。

那么，请再次回忆一下提问的本质到底是什么。如前所述，**提问者所扮演的角色其实就类似于主持人**。因此，无论对方是喜欢自满自夸的人，还是喜好说教的人，当自己处于交流中的劣势时，都可以通过提问来改变对话发展的方向。

转换现场气氛的提问技巧

首先，来看一下当对方不停地自满自夸时的情况。在许多人共同参加的会议中，如果遇到有人滔滔不绝地讲述自己的成绩时，可以**通过提问让对方把注意力转移到"时间"上**。

○问："这样宝贵的经验下次再请您分享，这次时间比较仓促，现在可以先请您总结下本次的议题吗？"

像上述这样，可以通过抬高对方而不对其否定来尝试转换局势。如果是一对一的场合中，也可以像下面这样转换现场气氛。

○问："原来如此，我学到了很多……需要稍微休息一下吗？"

○问："非常感谢您分享了这么多的内容。啊，要再加点咖啡吗？"

即使是在难以掌握结束时机的线上会议中，也可以通过"我想去一下卫生间""不好意思，来了个电话"等突发的个人需求来进行切换。

其次，当遇到喜好说教的人时，不要一味地沉默倾听，而需要通过提问适时地展示自己已经充分反省的态度。此外，**用一种请求对方指导的姿态来提问也是关键所在。**

比起直接打断对方分享自己的经验，不如用不断地追问细节的方法更好。例如，"那个时候出示了什么证据呢？""那个交易公司的管理是从什么时候开始崩溃的呢？"。在这样持续追问的过程中，即使对方最开始还能愉快地回答，但节奏慢慢地被打乱了之后，他也会逐渐变得不耐烦，开始想要快点结束对话。当受到严厉的批评时，也需要找准时机进行提问。只要掌握了诀窍，就能在最短的时间内结束对方的说教。如果能让对方产生"一对那个家伙说教就会被扭着问问题，实在是太不爽了"的想法，那更求之不得了。

4-9　想要结束让人感觉不快的话题

> "说起来，您有去过在综艺节目中成为
> 话题的那位主厨经营的餐厅吗？"

对于不感兴趣的话题，可以在提取对方的关键词之后将话题岔开

适用场景：想要摆脱对方不停地说他人的坏话或八卦的状态时。

这样提问："说到出轨，前段时间提到的那本推理小说中讲的犯罪动机也是因为出轨，对吧？"

👤 不去否定，而是用提问的方式削弱对方的气势

对于那些不擅长闲聊的人而言，对方是个善言的人是件好事。面对这样的人，不需要你主动提供话题，只要能够安静地听就能让对话进行下去。如果还能适时地附和几句，就更不用担心会冷场。

但是如果对方说的内容不是你感兴趣的事情，甚至是在讲他人的坏话或是八卦，那么即使是闲聊，也会让人觉得听不下去。这样的情况下，无论是谁都会变得无精打采。

如果只是沉默地听着这些恶言而不作反驳的话，难免会被认为是在表示赞同。而如果对对方所说的绯闻点头附和，或许还会出现你也是同道中人的传闻。为了避免这样有损名誉的事情发生，就需要及时做出行动。

例如，对方一直在谈论某位艺人的出轨绯闻，

并详细地跟你讲述今天早晨新闻的内容。如果希望对方能停止谈论这个话题，那我会尝试像这样打断：

○问：　"说到出轨，前段时间提到的那本推理小说
　　　　中讲的犯罪动机也是因为出轨，对吧？"

对方：　"呃……您说的是什么？"

　答：　"就是马上要被改编成电影的那部推理小说，
　　　　前段时间我们不是都在谈论它吗？"

对方：　"啊，确实。"

○问：　"啊，我忘记书名了，是哪部推理小说来着？"

　　如果能精准地抓住"出轨"这个关键词，即使是乍一听仿佛毫不相干的问题，也能很好地与对方刚才所说的内容衔接上。在此基础上，再巧妙地削弱对方高谈阔论的气势。也就是说，只要能从对方的说话内容中找到能将话题引入自己感兴趣的领域的关键词，就能改变对话的状态。

👤 用充满关键词的提问引导转向别的话题

如果对方兴致勃勃地谈论这个话题，"出轨的对象是法国餐厅的厨师……"，可以采取在问题中融入关键词，让对方产生一种你在继续展开这个话题的错觉。

○问："那家餐厅您有去过吗？很有名吗？"

○问："说到法式料理，日本东京现在哪家餐厅做得比较好吃呢？"

○问："厨师这么受欢迎吗？"

使用上述的方法，能够在不直接表示否定的情况下，巧妙地诱导对方主动结束这个让你毫无兴趣的话题。当然，也可能会出现对方再次拾起已经中断了的话题的情况，因此要注意尽量将话题引向更远的地方。

○问："现在什么职业比较受欢迎呢？网红吗？"

○问："偶尔出去吃顿大餐也算是人生的乐趣之一，
　　　不是吗？"

如果对方能从这样的问题中找到新的关键词，
那就更好了。

聪明人都这样提问

通过提问激励他人

5-1 能提升团队士气的提问

"这个想法太棒了。预计多久能实现呢？"

先找到值得夸赞的点予以肯定，再用提问促使
对方做出行动

适用场景：对下属和后辈的工作状态感到不满，
想要让对方建立起更多自信的时候。

这样提问："你的工作总是很细致。迷茫的时候
你一般会怎么做呢？"

"确实是非常合理的计划书。你用了
多久完成的？"

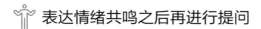 表达情绪共鸣之后再进行提问

明明想要提高团队士气，但做的事反而让人失去了动力。这是因为对这类人而言，所谓的坦诚交流只不过是为了自我满足，而不会注意到是否能让别人产生共鸣。明明不是在斥责或说教，但这种自以为对下属、后辈好的交流方式却适得其反，实在是让人不由得感到遗憾。因此，本章的主题就是探讨当你想要打动别人时，应该**通过怎样的提问才能让沟通变得更顺畅，关系变得更紧密**。

假设下属或后辈的工作进度让你感到不满，其实这时候他们的心里也充满了不安，担心别人是否会觉得自己工作能力不足。而如果在这种原本就十分不安的时候，再受到来自上司的批评，或许就会越发消沉，甚至失去斗志。

×问："想法倒是不错，但是需要再次确认完成工作的步骤。这项工作还需要多久才能完成？"

其实无论是谁，在遇到独立处理所有事情时都会感到不安。如果这时能有人陪伴在身边，给予一定的鼓励，就会给他带来莫大的动力。其实不仅是工作，如果对人生感到迷茫，自言自语"这样好吗……"怀疑自己当前状态的时候，身边的家人只要能附和一句，"这样不也很好吗？"给予肯定，就能让人觉得"总会有办法的"重新振作起来。即使这种肯定并没有任何根据，也能成为他前进的精神动力。

能够打动人的并非是有理有据的解释说明或劝解，而是情感上的共鸣。不要因为是工作上的事情就尝试用讲道理的方法，这并不能给对方带来任何帮助。当你处于不安的状态时，如果别人指点你已经知道的事情，或者给你重新讲解工作的步骤这些都是无益于提高你工作效率的。

以"盟友"的角色进行提问，能够更好地提高团队的凝聚力

想要在情感上达成共鸣，不可或缺的一点就是**先肯定对方的言行，再用提问促使对方做出行动**。这时，使用"确实……但是……"的句式进行提问会带来更好的效果。

○问："（确实）那是谁都想不到的点子，但是话说
　　　回来，大约要多久才能真正实现呢？"

即使对下属或后辈的工作状态有所不满，仍应该先找到值得夸赞的点予以肯定。也就是**先在前半部分用"确实"来表达肯定，再用"但是""话说回来"进行切换，回到促使对方做出行动的提问当中**。

如果能在提问当中表达认同，对方也会把提问者视作自己人，从而安心许多。同时，这也能帮助他完成那些原本让其感到不安的工作。

从前面展示过的不恰当的提问方式也可以看出这两种方式的不同。前面的方式更多是在指出问题，甚至是在斥责对方。这样的提问会让对方将提问者视作敌人，变得小心翼翼，这也会让团队整体的士气变得低落。

由此可见，只不过是在提问方式上的细微差别，就决定着对方将你视作敌人还是自己人。因此，**只要有意识地以"自己人"的视角进行提问，就一定能提高团队的凝聚力。**

5-2 让对方敞开心扉

> "你的视角和其他人很不一样，你平时是
> 怎么进行学习的呢？"

<u>面对强硬的对手，可以先从主观上予以肯定，</u>
<u>再使用能够满足对方认同诉求的提问，让沟通</u>
<u>更有效</u>

适用场景： 想要激发对方的工作积极性，但却
　　　　　不知道怎么和他互动时。

这样提问： "你的表达很丰富，和你说话就好像
　　　　　在和作家交流一样。你平时有看些
　　　　　什么书呢？"

　　　　　"你对 ×× 很有感觉，是在哪里学
　　　　　到的？"

👤 夸奖不需要提供依据

提问方式决定着对方是否愿意积极主动地发表意见。本节主要介绍那些能够让对方在不知不觉中敞开心扉的提问技巧。事实上，夸赞能够给人留下极其深刻的印象。到现在我还记得我在 20 岁左右时，受到一位长辈夸奖的事情。

○问："你的视角和其他人很不一样，你平时是怎么进行学习的呢？"

这位长辈是在夸奖我的关注点非常特别。对于一个热血的年轻人而言，听到这样的夸奖不可能不感到振奋。至于我的关注点在他人看来是否真的十分特别，倒也不一定如此。这样的评价只不过是这位长辈个人的主观判断而已。但也正因如此，才格外具有冲击力，会让人产生一种"只有那个人特别懂我""他有在关注我""希望他能更加了解我"的想法。

对于提问者而言，只要这样简单的一句话就能给对方留下"是自己人"的印象。而这类评价并不需要任何客观的依据，只是一种主观判断。因此，只要适当地进行调整，对谁都可以用。

○问："感觉你对待工作的热情和其他人完全不同。你在平时的工作中比较重视哪个部分呢？"
○问："感觉你倾听的态度和其他人完全不同，是有计划将来自己创业吗？"

主观评价的技巧是描述得越具体越好，比如，"你对 ×× 很有感觉""你自带一种将来能成大事的气场"等。然后，再针对对方听到后可能感到愉悦的点继续提问。

满足对方希望被认可的需求的提问技巧

为了提高下属或后辈的积极性，有意识地追求能产生更多共鸣的交流方式，但效果却不尽如人意。

一般来说，原因主要有两个：一是没有掌握对方的擅长领域或是不清楚对方的兴趣爱好，也就是因为观察不到位而导致没夸到点上。二是出于一种自己没有被上司夸奖过所以也不愿意肯定下属的扭曲心理，其实这种心理来自于希望得到他人认可的诉求。

无论是谁都会期待获得他人认可。如果得到认可就会更有干劲，也会在处理工作时变得更有自信。但是生活中会主动向周围人表达认可的人却并不多。

能够将提问作为一种武器应用在交流之中的人，在日常生活中也会细心观察他人的言行举止，**找到让人感到愉悦的地方并借此展开话题，引导对方能够更加积极地参与对话**。在此之上，再辅以贴近对方情感的提问，让人在不知不觉中敞开心扉。

那些不受年龄差距影响，能够获得周围人深厚信任的人，大都能**在交流中自然地展现对对方的关注，满足对方希望被认可的需求**。

5-3　有必要进行斥责

> "这次好像没能全力以赴，你觉得应该怎样
> 做会更好呢？"

<u>用积极委婉的提问代替带有责备意味的提问</u>

适用场景： 不得不对犯错的人进行批评的时候。

这样提问： "之前你好像这样说过吧？那就这样
　　　　　　 做就好了呀！"

　　　　　　 "想必你也意识到这样做的问题了吧？"

⚑ 用提问的方式，既能指出对方的问题，又可以避免伤害对方

我曾经指导过高中老师们如何修改学生的小论文。就我的个人经验而言，那些让我感觉需要再加强学习的老师一般可以分为两种：一种是抓住一个小问题就狠狠批评学生的人；另一种是觉得学生很可怜而不愿意开口批评的人。

要说这两种类型中谁更有问题，我认为是后者。这类老师之所以不愿意批评学生，大多是害怕伤害到对方。他们既不知道正确的指导方法，也不愿花功夫去思考如何指导。

尤其让人觉得遗憾的是，这样的老师会在基本通顺的语句旁用红笔留下"写得不错"的批注，但在满分 10 分的总成绩中只给了 6 分的评价。学生们看到"写得不错"的批注，会觉得受到了肯

定，但分数却并不算高。这样前后矛盾的行为不仅会让学生感到困惑，还可能让其丧失向上之心。想必这样的老师不仅是课堂上，在课外活动当中也是同样的教育态度。该批评的地方不批评，该修正的地方不修正，这样的指导方式不能称之为好的指导。

当然，上述的观点并不是要肯定过于严苛的指导方式。指导不能只指出缺点，而是应该在指出缺点的基础上，指出改善的方法，这样就能避免伤害到学生。这样的指导方式，不仅适用于教学场景中，在日常生活和工作中也同样适用。

让对方能够积极面对未来的提问

当不得不批评下属或后辈时，想要在不伤害对方的前提下又让对方能听进去，并能够运用于今后的工作当中，可以尝试借助提问进行指导。

○问："这次好像没能全力以赴，你觉得应该怎样做会更好呢？"

○问："你的方法也不能说是错了，但你不觉得或许有更好的处理方式吗？"

需要批评的时候，也可以**尝试使用积极委婉的表达来代替斥责**。不要试图让对方说出反省的话，也不要反复追究，而是要问能引导对方转变视角和思考面向未来的问题。

×问："之前不是成功过吗？这次也像上次那样做不就好了吗？"

○问："这次虽然失败了，但是想必你已经发现成功的诀窍了吧？"

即使对方犯下无可救药的大错，也可以积极地提问。

×问："为什么不在实施之前和我商量一下呢？"

○问："让这次充满勇气的挑战能在若干年后收获

成果，你觉得怎么样？"

　　用这样的提问方式，不仅能够帮助过错方转换成积极的视角，还能在谈笑中共同探讨有关未来的话题。

5-4 帮助因失败而消沉的人重新振作

> ## "您是否忘了一件事呢？"

用提问启发对方寻找"3WHAT""3W1H"中缺失的部分

（**适用场景：**）想给那些不断试错、停滞不前的人
一些提示的时候。

（**这样提问：**）"我们一起盘点一下吧？"

"要不要一起考虑一下下次怎么办？"

帮助整理思路的提问方法

本节主要讨论那些能让**因失败而变得消沉的人重振精神的提问技巧**。和上节一样，本节内容仍旧以修改小论文为例子进行说明。前文提到过，有的老师会抓住一个问题就严厉地批评学生，其中也有那种每个问题都一一批评的人。

如果对"这里的写作意图不清晰""举的例子不恰当""逻辑上不通"等问题一一指正，可能让学生感觉自己的想法被全盘否定，从而失去自信，也难以掌握写出一篇出色的小论文的正确方法。

正确的指导方式应该是怎样的呢？以"高中生兼职是好事还是坏事"这个题目为例，我认为首先应当肯定学生的结论，然后再详细审视文章中支撑结论的论据是否充足。

如果结论是"高中生的本职工作是学习，所以反对兼职",其理由是什么。相反,如果结论是"高中是步入社会的准备阶段,所以赞成兼职",也应当说出依据。指导的时候,不要对不足的地方一一指点,而是应该先肯定学生的想法,在此基础上,引导学生去思考想要得出这个结论还缺乏哪些论据。这时,应用"3WHAT""3W1H"的思考方式就显得非常重要。例如,持赞同的观点时,如果缺少对背景或原因的说明就会导致文章的视野过于狭窄,整体内容显得很浅薄。**这时用"你思考一下这个方面的问题呢"的方式进行启发式提问,能让对方意识到自己的不足之处。**

🧍 用盘点式提问帮助对方自行觉察问题

在商务场合中想要促使对方再次进行尝试,最重要的是能够通过提问让对方整理思路,自行觉察问题所在。

×问:"没有考虑到预算的问题吗?"

○问："是否忘记了一件事呢？"

错误范例中由提问者直接指出问题所在的做法，不如正确范例中通过提问让其本人自行思考的效果好。提问时，如果能聚焦"3WHAT""3W1H"的要点，效果会更好。

教练技术中有一种叫做"盘点"的技巧。在思考当前需要解决的问题的相关对策时，需要教练和客户双方的共同努力。

○问："我们一起盘点一下吧？"

像这样通过提问，在鼓励失败的人的同时，也为彼此创造了思考未来的契机。

当大脑无法保持思路清晰时，可以通过制作表格让思考变得可视化。**通过提问促使对方盘点想法，并对解决问题所需的条件、优先顺序等各项指标进行分析，从而让接下来应该采取的行动变得更清晰。**

5-5 让拖延不前的下属动起来

"是陷入瓶颈了吗?"

想要找到解决问题的途径,提出具体的问题是
关键

适用场景:如果继续置之不理,对方不会采取
行动可能会让情况变得更糟的时候。

这样提问:"你知道企划部的 ×× 对这个问题
很了解吗?"

"你要不要尝试去问一下上一个负责
人或者科长?"

👤 用提问让不知道该如何行动的下属动起来

当团队中有成员陷入瓶颈时，整个团队的士气也会受影响。是否有合适的方法能帮助其改变状况呢？

工作陷入瓶颈大多是**因为找不到解决问题的途径而变得一筹莫展**。而这样的状态会让周围的人产生"为什么会这样""到底在干些什么"等不耐烦的情绪。

越是这种时候，责备、诘问对方其实不会有好的效果。明知道是不得不完成的工作，但是却难以着手，这是因为大脑中并没有整理好清晰的思路。例如，当负责收集整理会议资料的下属迟迟未能推进工作的时候，可以尝试这样提问。

○问："是陷入瓶颈了吗？"

这样的提问能够确认对方工作停滞的原因所在。

之所以会出现停滞，有可能是因为不知道"公司保管资料的地方在哪里""要向哪个部门的谁去咨询比较好"。但是，不建议采取下面的提问方式。

×问："为什么还没做好？"

×问："到现在为止你都干了些什么？"

将带着不满情绪的问题留在心底，用提问促使对方行动起来。**提问的要点是提出具体的问题，让对方迈出完成工作的第一步，并意识到自己应该采取的行动。**

👤 "YES 或 NO" 和 "A 或 B"

让提问变得具体的方法有二，其一是采用让对方直接回答是与否的 **"YES 或 NO 式提问"**。

○问："你知道企划部的 ×× 对这个问题很了解吗？"

○问："要不然先尝试去资料室调取一下资料？"

其二是让对方进行选择的 **"二选一问题"**。

○问：　"你要不要尝试去问一下上一个负责人或者
　　　　科长？"

○问：　"你应该先整理你手头的资料，还是先从网
　　　　上购买相关资料呢？"

仅仅通过提问就能让对方迈出第一步，这将极
大程度地提振团队的士气。

5-6 制止失控

> "目前进展看起来挺顺利，但是有没有遇到
> 什么困难呢？"

<u>通过提问引导对方察觉当前存在的问题</u>

适用场景： 当下属或后辈在没有进行确认的情况下，按照自己的想法推进工作的时候。

这样提问： "能给我看一下你当前的进展吗？"

"即使从现在开始调整方向，对你来说也不需要花费太多时间完成吧？"

👤 在认可对方进度的同时，用提问的方式进行提醒

那些能够雷厉风行完成工作的人，通常都十分受周围人的信赖。这类人习惯先尝试而不擅长慢慢规划。在他们看来，如果效果不够理想只要及时调整方向即可。总而言之，对这样的人来说，处理工作时的效率最为重要。

重视效率当然是好事，但也会出现因为过于重视效率而仅凭自己的感觉推进，反而在中途迷失方向的情况。其实只要事先向身边的人确认一下，即可防止这样的情况出现。但由于他们盲目相信只要按照上次的方法处理就能完成这件事，所以未经确认就擅自采取了行动。事实上到这个阶段，他们也听不进旁人的意见了。

如果下属或后辈进入了这样的状态，作为上司

则更希望他们能在各个关键节点逐一进行确认。然而**对这些做事雷厉风行的人来说，向他人提问就仿佛宣告了自己的失败，因此会羞于提问。**所以如果仅仅告诉他们有不懂的就问的话，是无法改变他们的做事方式的。

把握恰当的提问时机是关键

处理上述这种情况的诀窍是在肯定对方的基础上指出问题。

〇问："目前进展看起来挺顺利，但是有没有遇到什么困难呢？"

（确实）看起来进展顺利，（但是）好像遇到了什么困难的样子。像这样使用"确实……但是……"的句式提问，先肯定对方的工作再进行引导，为对方准备好便于提问的语境。在这时，肯定的话就会成为对方的心理保障。

○问："我迫不及待地想要看到完成后的效果了。现在，能让我看看当前的进展吗？"

通过这样的提问能够规避到最后才发现方向错误的糟糕情况。当然，也可以尝试使用下面的沟通方式让对方更能够接受你的提问。

○问："即使从现在开始调整方向，对你来说也不需要花费太多时间完成吧？"

○问："我对这里还没弄太明白，你能顺便告诉我一下吗？"

即使像这样旁敲侧击的提示，对方还是固执己见不愿做出改变的情况下，就只能通过强硬的命令促使其修正方向。但这时需要留意向对方提出意见的时机。

○问："或许你需要再确认一下项目整体的动向？"

○问："虽然是很新颖的做法，但或许当下的时代还无法跟上你的步伐吧？"

在适当的时机进行这样的提醒或许会让对方幡然醒悟，意识到自己的错误或过失。如果能让对方感受到自己一直被关注，那么也会促使其向更理想的方向推进。

5-7　应对消极的报告或商谈

> ### "是不是有点疲惫了？"

给对方留有余地，不去期待收到回复

(适用场景：) 需要处理工作纠纷的报告、对工作的不满或是应对辞职申请的时候。

(这样提问：) "很高兴你能在当前阶段就告知我这一情况。我们一起想想应对办法吧？"

"是身体上还是精神上感到辛苦呢？"

⚡ 当商谈的事情是消极的内容时，可以用提问帮助对方缓和情绪

当遇到需要向上司报告惹怒了合作方这个坏消息的情况时，想必谁都会感到心情沉重。不知道该怎么说，在思考这件事过程中，心情就会越来越忧郁。而听到此汇报的上司，一时之间或许也不知道应当如何处理。虽然想要斥责下属，但越是这种时候，**比起斥责和惩罚，更好的处理方式却是冷静下来帮助下属分析现状。**

"你的做法倒也不算错，但没有足够考虑到对方的情况""虽然关于 ×× 这点上的判断有所失误，不过就对方负责人的立场而言，采取这样的行动也是不得已而为之"。像这样先帮助下属冷静地分析现状，再**为其留有余地**。

○问："最近你手上的事情实在太多了，是不是有

点累到了？"

○问："很高兴你能在当前阶段就告知我这一情况。我们一边吃饭一边想想应对办法吧？"

稍微偏离主题的提问在这时反倒能让对方喘口气。因此，不要着急催促对方做出回复，而是试图去安抚对方，感谢他的报告让你也能及时把握情况。像这样的提问能起到缓解对方紧张情绪的作用。

有的提问只需要重复对方的话即可

来自团队成员的最坏消息就是收到离职申请。如果询问理由，或许会收到"感觉自己不适合这份工作""原本就有自己想做的事情"等比较敷衍的回答。但其实离职的真正原因大多在于人际关系上的不顺畅，但是这样的原因不便说出口，所以只能用这样不痛不痒的理由敷衍过去。当我遇到这样的情况时，会尝试提问下面的问题。

〇问："是工作上遇到麻烦了吗？还是说人际关系
上有问题？直接告诉我真实想法可以吗？"

面对离职这种敏感的话题，很难说对方的回答
会有几分真心。但要把提问的焦点放在让对方痛苦
到想辞职的心情上。

此外，需要注意用词不要伤害到对方。即使是
因为人际关系造成的身心俱疲，如果对方没有说出
具体的原因，一定不能妄加猜测，说出不当的词语。

〇问："是身体上还是精神上感到辛苦呢？"
〇问："或许可以申请长期休养？"

有的提问只需要重复对方的话即可，提问本身
就能帮助对方回顾或自我觉察。保持一种不让对方
当场做出保证或得出结论的姿态，去耐心等待对方
自己改变主意，这一点十分重要。

5-8　给那些总是追求正确答案的人的建议

> "如果遇到完全相反的意见，您会怎么回答呢？"

通过提问让固执己见的人能够考虑反对意见

适用场景： 想要让那些无法自行发现工作任务的人做出行动的时候。

这样提问： "如果让您反驳一下自己的意见，您会怎么说呢？"

"真的只能想到这一点吗？"

👤 总是想要寻求正确答案，意味着内心不安

有的人总觉得自己认为正确的事情放之于全世界也都该如此。他们相信，基于过往的人生经历所构建的价值观是为人处世的绝对标准。或许那些能够适应某些特定环境和规则的人更容易被认为是有能力的人，但事实真是如此吗？在我看来，这样的人反而是最笨的人。

这种人看待任何事情都持有一种绝对性思维。例如，对于是否应当在企业中导入人工智能这件事，他们只有"绝对可行""绝对不行"两种答案。又比如，在讨论新产品策划的会议中，在是否真的有市场需求这个问题上，他们也会斩钉截铁地表示绝对可行，而无法察觉其他人已经指出了此项计划中的问题所在。

事实上，出现这种情况的原因是他们大多陷入

了"不得不……"的思维困境。这类人在受限的状态下会得到一种安全感，而将其放入自由的环境中反而会变得不安。一旦没了依赖，就不知道要如何思考、如何行动，一味地追求怎样才是正确的做法。这都是因为他们内心坚信所有的事物都有其正确标准。

不想犯错或失败的人大多都有着认真、谨慎的性格特征。如果能在保持这种个性的基础上，尝试拓宽视野，想必其能力一定能得到更好的发挥。因此，想要达到这个目的，**需要通过提问促使其思考反对意见的存在**。

用带来新视角的提问激励他人

当讨论在企业中导入人工智能进行工作这件事时，如果对方坚持认为绝对可行，那可以尝试使用如下的提问进行挑战："我反对这种意见。如果导入人工智能的话，现有的部门不就都会取消吗？"采用提问的方式表达反对意见能够让对方的思考变得更活跃。

也可以尝试故意用显露"恶意"的方式来提问。例如，当上司表示"如果工作的中心变成了人工智能的话，那么世界也会变得更美好吧？"这样的意见时，可以用稍带反对的语气说"但是……"，促使上司思考完全运用人工智能之后的世界状况是怎样的，同时自己也会产生出一些新的想法。因此，**带有挑战意味的提问能够发人深思，也能帮助我们整理思路。**

此外，即使不直接表示反对，**也可以通过提问提示对方其他视角的存在。**

〇问："如果遇到完全相反的意见，您会怎么回答呢？"

这样的提问能暗示对方的想法存在太过片面的问题，也能帮助对方自行发现问题并加深思考。

〇问："真的只能想到这一点吗？"
〇问："如果让您反驳一下自己的意见，您会怎么说呢？"

提问对于沟通交流而言，可谓是"救世主"一般的存在。提问能够打动对方，成为你的伙伴，还能给自己和他人带来新的视角。通过磨炼自己的提问能力，能够让人际关系更加顺畅，人生也变得更加丰富多彩。